Globalisierung der Ungerechtigkeit

Zur Missachtung der Menschenrechte durch neoliberale Politik und globale Akteure

von

Verena Brunner

Tectum Verlag
Marburg 2006

Brunner, Verena:
Globalisierung der Ungerechtigkeit.
Zur Missachtung der Menschenrechte durch
neoliberale Politik und globale Akteure.
/ von Verena Brunner
- Marburg : Tectum Verlag, 2006
ISBN 978-3-8288-8982-8

© Tectum Verlag

Tectum Verlag
Marburg 2006

Ich bedanke mich bei allen Personen, die mich bei meinem Studium unterstützt haben, vor allem in einer Zeit, in der ein erfolgreicher Studienabschluss immer schwieriger wird. Großer Dank gebührt der Geduld meiner Eltern, die mir nicht nur materielle und emotionale Unterstützung, sondern auch die nötige Motivation mit auf den Weg gaben. Vielen Dank an meine Schwestern, an meinen Freundes- und Bekanntenkreis, die über die Jahre hinweg mein kritisches politisches Bewusstsein stärkten und so beitrugen zu diesem Werk. Last but not least danke ich meiner Betreuerin Dr. Eva Kreisky für die Geburtshilfe.

Ich bedanke mich beim deutschen Internetportal der Weltsozialforen für die Abdruckerlaubnis der Texte.

Dieses Buch soll dazu anregen, hinter die Fassade der „unausweichlichen" Globalisierung zu blicken, um sie als das zu enttarnen, was sie ist: Die Durchsetzung von Machtinteressen auf Kosten des Großteils der Menschheit, der Menschenrechte und nicht zuletzt der Menschlichkeit.

Inhalt

1. Einleitung

Der Prozess der Globalisierung bringt neue Lebenssituationen auf der ganzen Welt hervor, die eine Herausforderung für die etablierte Politik darstellen. In dieser Situation treten vermehrt Nichtregierungsorganisationen und Netzwerke in Aktion, die Kritik und Forderungen an die InteressenvertreterInnen und Institutionen tragen und Defizite aufzeigen. Vor allem wirtschaftliche Entwicklungen wie Handelsliberalisierung und Deregulierung werden dabei als Gefährdung von sozialer Sicherheit und arbeitsrechtlichen Standards weltweit gesehen. Im Namen der Profitmaximierung werden nicht selten menschenrechtliche Anliegen hintangestellt. Die globalisierungskritische Bewegung hat es sich zur Aufgabe gemacht, diese Kehrseite der neoliberalen Politik aufzuzeigen, dagegen zu protestieren und alternative Politikkonzepte anzubieten. Dabei spielt der Schutz der Menschenrechte eine entscheidende Rolle. Die neoliberale Globalisierung seit Ende des 20. Jahrhunderts bringt strukturelle Veränderungen mit sich, die eine neue Sichtweise auf Menschenrechte und ihren Schutz nötig machen. Meine Grundannahme ist, dass die Einforderung von Menschenrechten immer in Zeiten von Unrechtserfahrungen virulent wird und dementsprechend auch eine neue progressive Ausrichtung erhält (vgl. Bielefeldt 1998:85). Die Globalisierungskritik als soziale Bewegung und Gesellschaftskritik hat entscheidenden Anteil an diesem Menschenrechtsdiskurs. In meiner Untersuchung bezieht sich der Begriff „Globalisierungskritik" auf die GlobalisierungskritikerInnen der *Weltsozialforen (WSF)*. Diese Weltsozialforen finden als Gegenveranstaltung zu den Weltwirtschaftsgipfeln statt und stellen ein weltweites Netzwerk von Nicht-Regierungsorganisationen (NGOs *Non-Governmental Organizations*) und Vereinen dar. Diese zahlreichen NGOs wie das international agierende *Attac (Association pour la Taxation des Transaction financières pour l'Aide aux Citoyens)* weisen auf Verstöße hin, die durch *Global Player* und Institutionen wie der *WTO (World Trade Organization)* oder der *Weltbank* produziert oder forciert werden. Ein Beispiel wären die *Strukturanpassungsprogramme* des *IWF (Internationaler Währungsfonds)*, die die wirtschaftliche Entwicklung von Dritte Welt-Staaten vorantreiben sollen, indem rigoros Sparpakete zu Lasten der Bevölkerung verordnet werden. Vor allem Grundbedürfnisse, die das Überleben der oder des einzelnen betreffen, geraten ins Hintertreffen und fallen neoliberaler Rhetorik zum Opfer. In den *Freien Produktionszonen* werden ArbeiterInnenrechte missachtet zugunsten rentabler Standortbedingungen. Die Beispiele ließen sich endlos fortsetzen. Sie zeigen die Problematik neoliberaler Politik und der Missachtung von Menschenrechten.

Eine zentrale Frage meiner Arbeit lautet nun, wie die Globalisierungskritik das Verhältnis zwischen neoliberaler Globalisierung und Menschenrechtsidee sowie dem Menschenrechtsschutz darstellt. Was sind die *Auswirkungen neoliberaler Politik* auf den Zustand der Menschenrechte, wo werden *Problemlagen* verortet und etwaige *Missstände* aufgedeckt? Wer sind die individuellen oder kollektiven *Akteure* dieser Menschenrechtsverletzungen? Dafür ist es wichtig zu ermitteln, mit welchen *Menschenrechtskonzepten* die GlobalisierungskritikerInnen der Weltsozialforen argumentieren, das heißt welche Menschenrechtsgenerationen werden verwendet und welche normative Ausrichtung wird gebraucht? Ein weiterer wichtiger Punkt sind *Lösungsansätze*, die die Globalisierungskritik den kritisierten Missständen entgegensetzt. Welche *Forderungen* bezüglich des Menschenrechtsschutzes werden gemacht, an wen richten sie sich, wie soll die Einhaltung gewährleistet werden?

Meine Arbeitsmethode ist die qualitative Inhaltsanalyse. Als Material habe ich deutschsprachige Internetdokumente der *Weltsozialforen* gewählt. Sie bestehen aus den Abschlusserklärungen der 5 *Weltsozialforen* (Porto Alegre und Mumbai) und der *Charta der Prinzipien* (http://www.weltsozialforum.org). Das *Weltsozialforum* (WSF) findet seit 2001 jedes Jahr als Gegenveranstaltung zum *Weltwirtschaftsgipfel* statt und ist ein Netzwerk aus über hundert unterschiedlichen Organisationen aus aller Welt, deren gemeinsamer Nenner Kritik an neoliberaler Globalisierung ist. Ich sehe das WSF als einen repräsentativen Ausschnitt der globalisierungskritischen Bewegung und habe es unter diesem Gesichtspunkt ausgewählt. Dennoch kann die Untersuchung nicht den Anspruch erheben, die gesamte Palette der Globalisierungskritik abzudecken.

Die Dokumentenanalyse stellt für mich ein Mittel dar, mögliche Unvereinbarkeiten geltender Menschenrechte mit dem Vorgang politischer und ökonomischer Globalisierung unter dem Vorzeichen des Neoliberalismus aufzuzeigen. Dazu werde ich die neoliberale Ideologie und Praxis in Gründzügen darstellen und diese dann in Verbindung setzen mit den Thesen der Globalisierungskritik. An den Schnittstellen der Menschenrechtsproblematik wird es mir dann hoffentlich möglich sein, stichhaltige Aussagen zu treffen.

Neoliberale Globalisierung verstehe ich dabei als ein hegemoniales „Projekt", das durch Diskurse und Alltagspraxen zu einer vorherrschenden Weltordnung wird. Konservative Ideologien werden verbunden mit marktwirtschaftspolitischen Interessen, wobei erstere dazu verwendet werden, die realen Verhältnisse zu verschleiern bzw. diese unter dem „Schein der Unausweichlichkeit" (Bourdieu 1998: 40) neu zu generieren. In diesem Sinne ist auch nicht zu vergessen, dass Menschenrechte ein Ideal darstellen, das gerne zur leeren Worthülse verkommt oder bestimmte Heilserwartungen wecken soll. Vor allem Reizwörter wie „Freiheit" oder „Gleichheit" können weit davon entfernt sein, einen Zusammenhang mit Menschenrechten zu realisieren.

Um einen guten Einstieg in das Thema „Menschenrechte" zu bekommen, beginne ich meine Arbeit mit einer ideengeschichtlichen Darstellung der Menschenrechtsidee, wobei ich auf die Kategorisierung der drei Menschenrechtsgenerationen zurückgreife. Neben der inhaltlichen Gestaltung von bürgerlich-politischen Rechten, wirtschaftlichen, sozialen und kulturellen Rechten und Solidaritätsrechten werde ich das derzeitige internationale Menschenrechtssystem vorstellen. Wie sind internationale Menschenrechtsverträge gestaltet und welche Instrumente zu deren Einhaltung gibt es? Der Hauptakzent liegt dabei auf dem Wirkungsbereich der *Vereinten Nationen*. Dazu stelle ich noch die relevanten Diskussionspunkte in der Menschenrechtsproblematik dar.

2. Das Menschenrecht: Eine Definition

Es gibt wohl wenige Begriffe, die so oft und vielseitig in der internationalen Politik benutzt werden wie der Begriff des Menschenrechtes. Dabei wird von verschiedenen Seiten gepocht auf die Einhaltung der Menschenrechte, Menschenrechtsverletzungen und deren AkteurInnen werden angeprangert und zum Schutz jener Rechte wurden und werden - teilweise militärisch teilweise wirtschaftlich - Kriege ausgefochten. Seit der völkerrechtlichen Verankerung der *Allgemeinen Erklärung der Menschenrechte* im 20. Jahrhundert wurde dieser Begriff um eine Facette erweitert. Er ist wie jeder juristische Fachbegriff des internationalen Rechts zu handhaben. Mit der Einführung der *International Bill of Human Rights* sind die Entwicklungen um die Thematik der Menschenrechte keineswegs abgeschlossen. Die weltweiten Missachtungen von Menschenrechten weisen einerseits auf Defizite in der Realisierung der ratifizierten Pakte hin und zeigen andererseits einen Diskussionsbedarf über den normativen Gehalt dieser Regeln. Das heißt, es gibt Streitpunkte bezüglich der rechtlichen und inhaltlichen Auslegung.

Nach dem Friedensforscher Johan Galtung ist ein Menschenrecht eine Norm, die die Grundlagen der menschlichen Existenz schützt. Inhaltlich werden diese Normen durch die menschlichen Grundbedürfnisse bestimmt, die in die großen Kategorien *Überleben*, *Wohlbefinden*, *Freiheit* und *Identität* eingeordnet werden. Idealerweise lässt sich für jedes Grundbedürfnis auch ein Menschenrecht ableiten. Doch die Realität sieht anders aus. Galtung entwickelte für die UNESCO *(United Nations Educational, Scientific and Cultural Organization)* eine Bedürfnisse/Rechte-Matrix (vgl. Galtung 1994: 235); 28

primäre und sekundäre Bedürfnisse wurden zu den 49 Rechten der Allgemeinen Erklärung der Menschenrechte in Beziehung gesetzt, das ergab insgesamt 1.372 Kombinationen, doch nur in 49 Fällen gab es eine Bedürfnis-Rechte-Relation. Daraus lässt sich schließen, dass nicht für jedes Bedürfnis ein Menschenrecht verankert ist. Galtung spricht von einer „globalen Warteliste" von Bedürfnissen ohne Rechte (vgl. Galtung 2000: 35). Ein Beispiel wäre der Schutz der Menschen vor struktureller Gewalt oder das Recht auf gesellschaftliche Transparenz (vgl. Galtung 2000: 11 ff.).

Solche Gedankengänge sind Teil der Diskussion um den normativen Gehalt der Menschenrechte. Es zeigt, dass das Konzept der Menschenrechte, wie es heute in völkerrechtlichen Verträgen verankert ist, noch viele blinde Flecken aufweist und Verbesserungen bedarf.

Wie bei jedem gesetzten Recht gibt es bei den Menschenrechten einen Normsender, einen Normempfänger und Normobjekte (vgl. Galtung 1994: 10 f.). Als Normsender ist allgemein die Staatengemeinschaft in Form der Vereinten Nationen anzusehen. Normempfänger sind die Staaten, die sich zur Einhaltung der Menschenrechte verpflichtet haben, Normobjekte sind die Menschen, um die sich der Inhalt der Normen dreht. Der Bereich der Normproduzenten lässt sich aber nicht allein auf die Produzenten der Gesetze und Verträge reduzieren, also im Fall der AEMR (Allgemeine Erklärung der Menschenrechte) die UNO. Nicht-Regierungsorganisationen und soziale Bewegungen sind heute zu einem wichtigen Teil für den Normbildungsprozess mitverantwortlich. Auch der Bereich der Normempfänger kann sich durch die Zunahme an Entscheidungsträgern im Globalisierungsprozess erweitern. Vor allem Transnationale Konzerne in ihrer Funktion als *Global Players* könnten dazu angehalten werden, sich bestimmten Reglementierungen bezüglich Menschenrechtsstandards zu unterwerfen.

Der Begriff der Menschenrechte umfasst gewisse Aspekte, die immer wieder zu Diskussionspunkten werden und wurden. Die wesentlichen Problemstellungen drehen sich einerseits um organisatorische, das heißt institutionelle Aspekte, und andererseits um die inhaltliche Ausgestaltung der Menschenrechtsnormen.
Bedient man sich bei der Definition der Menschenrechte der Worte der Tradition der Aufklärung, so sind Menschenrechte:

„Jene subjektiven Rechte, die es Menschen ermöglichen, ihr Leben entsprechend den Grundsätzen von Freiheit, Gleichheit und Menschenwürde zu gestalten." (Nowak 2002: 13)

Hier lassen sich die philosophischen Grundgedanken erkennen, die dem Themenkomplex ihre inhaltliche Gestalt gaben. Zu dieser ideengeschichtlichen Seite werde ich später noch zurückkommen.

Eine wesentlich formalistischere Sichtweise bietet folgende Definition:
Menschenrechte sind:

„Die Summe von bürgerlichen, politischen, wirtschaftlichen, sozialen,
kulturellen und kollektiven Rechten, die in internationalen und regionalen
Menschenrechtsinstrumenten sowie in den Verfassungen der Staaten
festgeschrieben sind." (Nowak 2002: 13)

Die Aufzählung der verschiedenen Menschenrechtsdimensionen, in denen sich
die drei Menschenrechtsgenerationen erkennen lassen, zeigt den heutigen Stand
des Regelwerkes. Ein wichtiger Aspekt dabei ist die internationale wie auch die
nationale Rechtssetzung. Neben der Errungenschaft der völkerrechtlichen
Implementierung der Menschenrechte im 20. Jahrhundert spielen vor allem die
Grundrechtskataloge in Staatsverfassungen eine Rolle in der Umsetzung der
Menschenrechtsidee. In diesem Zusammenhang lässt sich die Differenzierung
zwischen (Staats-)Bürgerrechten und Menschenrechten erkennen. Um in den
Genuss von StaatsbürgerInnenrechten zu kommen, ist die Staatsangehörigkeit zu
dem jeweiligen Staat Voraussetzung. Dabei können diese Rechte inhaltlich
Menschenrechten entsprechen oder sich explizit auf politische
Partizipationsrechte beziehen. Menschenrechte per se, wie sie beispielsweise in
der AEMR niedergelegt sind, werden idealiter allen Menschen zugedacht,
unabhängig ihrer Staatszugehörigkeit. (Das Problem dabei ist die Umsetzung,
denn die völkerrechtlichen Verträge der *International Bill of Human Rights*
werden durch die nationalstaatliche Ratifikation gültig.) Durch ihre inhaltliche
Gestaltung können Menschenrechte aber auch zu alleinigen
StaatsbürgerInnenrechten werden. Der *Internationale Pakt über Bürgerliche und
Politische Rechte* (enthält einen Artikel über das aktive und passive Wahlrecht,
der sich explizit auf Staatsangehörige bezieht (Art.25 IPBPR, vgl. Heidelmeyer
1997:243). Spricht man also von Bürgerrechten, so sind jene Rechte gemeint,
die den Menschen in ihrer Eigenschaft als Staatsangehörige zugedacht werden.

3. Die Herausbildung der drei Generationen der Menschenrechte

Die Einteilung der Menschenrechte in drei Generationen wird von vielen WissenschafterInnen als überholt bezeichnet. Geprägt wurde der Begriff der „Menschenrechtsgenerationen" von dem tschechischen Menschenrechtsexperten Karel Vasak in den 1970er Jahren und ist im Zusammenhang der Blockkonfrontation nach dem Zweiten Weltkrieg zu sehen (vgl. Nowak 2002: 35). Dabei wurde die Kategorie der bürgerlich-politischen Freiheitsrechte als erste Generation dem Westen zugeschrieben, die wirtschaftlichen, sozialen und kulturellen (= WSK-)Rechte dem Realsozialismus. Die dritte Generation der Solidaritätsrechte wird der Initiative des Südens, also den ehemaligen Kolonialgebieten zugeschrieben. Die heutige Ausbildung des internationalen Menschenrechtssystems sieht eine Gleichrangigkeit und Unteilbarkeit aller drei Generationen vor, weshalb eine Kategorisierung oft als obsolet betrachtet wird. Sieht man die Menschenrechtsgenerationen jedoch als Etappen einer Entwicklungsgeschichte, so lässt sich der heutige Status Quo der Menschenrechte leichter analysieren. Ich habe mir die Typisierung der Menschenrechtsgenerationen als Leitschiene für meine Inhaltsanalyse der globalisierungskritischen Texte genommen und werde nun sowohl auf die geschichtliche Entstehung eingehen als auch auf die ideologischen Hintergründe der Menschenrechte. Es ist längst zu einem Allgemeinplatz geworden, dass die Idee der Menschenrechte nicht lediglich auf Konto westlicher Denkart zurückzuführen ist. Die Debatte um einen möglichen Kulturimperialismus greift diese Thematik auf. - Das Argument, dass die ehemaligen Kolonialmächte nun auch unter dem Deckmantel der Menschlichkeit anderen Kulturen ihren Stempel aufdrücken wollen, hat sicherlich seine Berechtigung. Schließlich beruhen diese Einsprüche auf jahrhundertelanger Erfahrung der Unterdrückung und Bevormundung. - Die Vorstellung von menschlicher Würde und angeborener Gleichheit ist sicher nicht ein ausschließlich westlich geprägtes Gedankengut.
Die Idee der angeborenen Gleichheit der Menschen lässt sich auch schon in den Schrift des Alten und Neuen Testaments nachvollziehen und ist sicherlich nicht nur auf den christlichen Glauben beschränkt. Die Würde des Menschen –ein Grundgedanke der universellen Menschenrechte - ist Bestandteil vieler Kulturkreise und Glaubensrichtungen. Moralische Grundregeln, die den Schutz der menschlichen Existenz zum Ziel haben, sind in jeder Kulturform und Philosophie zu finden.

Die Menschenrechte, die Eingang in die AEMR und die zwei Pakte (ICCPR *Internationaler Pakt über bürgerliche und politische Rechte* vom 19.12.1966 und ICESCR *Internationaler Pakt über wirtschaftliche, soziale und kulturelle Rechte* vom 19.12. 1966, siehe Kapitel **3.5.**) gefunden haben, und in ihrer Form als Verrechtlichung existentieller Ideen zu verstehen sind, zeigen wichtige Entwicklungsetappen, die Teil der westlichen Geschichte und Philosophie sind. Ich werde mich in meinen ideengeschichtlichen Betrachtungen auf den europäischen Entwicklungsstrang konzentrieren, wobei ich später aber noch auf die Problematik des Kulturrelativismus eingehen werde.

3.1. Die Ideengeschichte: Etappen in der Vormoderne

Menschenrechte entspringen dem menschlichen Anspruch auf das ethisch Richtige und das moralisch Gute, wodurch das soziale Zusammenleben ermöglicht und möglichst konfliktfrei gestaltet werden soll. Die Frage nach dem wahren Guten und moralischen Grundregeln des Lebens ist wahrscheinlich so alt wie die menschliche Zivilisation selbst. Philosophische Schriften aus der Antike zeigen die ersten systematischen Abhandlungen zu dieser Thematik. Die Naturrechtslehre der Stoa sah in allen Menschen vernunftbegabte Wesen mit gleicher Würde.
In Ciceros *De re publica* wird von der *Vernunft* als das wahre Gesetz gesprochen, das ewig ist und somit zum Motor für rechtes Handeln wird:

„Est quidem vera lex recta ratio, naturae congruens, diffusa in omnis, constans, sempiterna, quae vocet ad officium iubendo, vetando a fraude deterreat, quae tamen neque probos frustra iubet aut vetat, nec improbos iubenda aut vetando movet."

„Es ist aber das wahre Gesetz die richtige Vernunft, die mit der Natur im Einklang steht, sich in alle ergießt, in sich konsequent, ewig ist, die durch Befehle zur Pflicht ruft, durch Verbieten von Täuschung abschreckt, die indessen den Rechtschaffenen nicht vergebens befiehlt oder verbietet, Ruchlose aber durch Geheiß und Verbot nicht bewegt." (Cicero de republica 3, 22, in: Büchner 1995:280f.)

Das Vernunftprinzip, das später von der Aufklärung aufgegriffen wird, ist der Maßstab, nach dem gutes oder schlechtes Handeln gemessen werden soll. Dies ist ein wesentlicher Bestandteil des Menschenrechtsgedankens und wird in den späteren Menschenrechtskatalogen zum Angelpunkt der Argumentation.
Die Vorstellung, dass die Menschen von Natur aus Rechte haben, die ihnen also durch ihre Geburt unveräußerlich zu eigen sind, ist ebenfalls bereits in der Antike zu finden.

Hier ist beispielsweise eine Textstelle Tertullians zu nennen, einem Kirchenschriftsteller des zweiten nachchristlichen Jahrhunderts, in der er von einem Recht auf Religionsfreiheit als „ius humanum" spricht.

„Tamen **humani iuris** et **naturalis potestatis** (Anm.d.Verf.) est unicuique quod putaverit colere; nec alii obest aut prodest alterius religio. Sed nec religionis est cogere religionem, quae sponte suscipi debeat, non vi, cum et hostiae ab animo libenti expostulentur." (Tertullian, Ad Scapulam 2,2, Zit. nach: Quinti Septimi Florentis Tertulliani Quae supersunt omnia, pars I, ed. Franciscus Oehler, Leipzig 1853, S. 540)

„...doch es steht einem Jeden nach **menschlichem Rechte** und **natürlicher Kraft** (Anm.d.Verf.) frei, zu verehren, was er zu verehren vernünftig gefunden hat. Es schadet auch die Gottesverehrung des Einen weder dem Andern, noch nützt sie ihm. Ja, es ist nicht einmal mit dem Geiste der Gottesverehrung verträglich, die Verehrung, welche freiwillig, nicht aus Zwang unternommen werden muß, abnöthigen zu wollen, da die Opfer doch nur von freiem Gemüthe verlangt werden." (Tertullians Sämtliche Schriften, Band 1, ed. Franz Anton von Besnard, Augsburg 1837, S.126)

In dieser Streitschrift an den afrikanischen Prokonsul Scapula verteidigt Tertullian die Religionsfreiheit. Er verwendet den Begriff *ius humanum*. Dieses „Recht des Menschen" verbindet er mit dem „natürlichen Vermögen" oder „Kraft der Natur", was wiederum die Unveräußerlichkeit des geforderten Rechtes zeigt. Als weiteres Argument führt Tertullian an, dass die Religionsausübung des einzelnen den Mitmenschen nicht schadet. Der vierte relevante Punkt für die Religionsausübung ist für Tertullian der freie Wille („ab animo libenti").

Ich bin mir der Problematik bewusst, den Begriff des *ius humanum* mit der Bedeutung von „Menschenrecht" gleichzusetzen. Dieser kann nämlich auch als das *vom Menschen gesetzte Recht* im Gegensatz zum Naturrecht oder Gottesrecht gesehen werden (vgl. Schmale 2002:36). Es ist aber eben ein Hauptmerkmal moderner Menschenrechte, dass sie von Menschen erst als ein Recht aufgesetzt wurden und werden. In der Textstelle Tertullians ist es vielmehr der Kontext seiner vier Argumente, der dieses *ius humanum* zu einem *„Menschenrecht"* im modernen Sinne macht. Der Gedanke dahinter ist, dass die Ausübung der Religion an keine Zwänge gebunden sein dürfe und das Recht auf freie Religionsausübung von Natur aus gegeben ist. Weiters würde diese Freiheit den Mitmenschen keinen Schaden anrichten und würde somit nicht die Freiheit des anderen einschränken. Wird dieses Recht „von Natur aus" verbunden mit der Rechtssetzung durch den Menschen, so ergibt sich ein

Menschenrecht in unserem heutigen Verständnis. Die Religionsausübung wird also in Verbindung mit der Idee der Freiheit und der Gleichheit gesetzt, beides wichtige Leitbegriffe der Menschenrechtsidee. In diesem Zusammenhang kann also das *ius humanum* in unserem heutigen Sinn als Menschenrecht gesehen werden.

Im Mittelalter wird der Gottesbezug zum relevanten Teil des menschlichen Selbstverständnisses. Der Mensch wird als Ebenbild Gottes und deshalb mit von Geburt an gleicher Würde behaftet angesehen. Die Gebote und Verbote des Alten und Neuen Testaments werden dem göttlichen und natürlichen Recht zugeschrieben und bestimmen die Normen der Menschen (vgl. Schmale 2002: 37). Im späten Mittelalter wurde der antike Naturrechtsgedanken von kirchlichen Reformparteien benutzt, um gegen die Autorität des Papstes zu argumentieren. Der Kardinal Nikolaus von Kues schrieb in seiner *De concordantia catholica libri tres* über die natürliche Vernunftbegabung des Menschen, Recht zu erkennen und von dessen geburtlicher Gleichheit (vgl. Schmale 2002: 40).

Im Humanismus wurde der naturrechtliche Gedanke weitergeführt, wobei sich das Zentrum der menschlichen Existenz von Gott zum Menschen selbst verlagert.

3.2. Die Moderne als Durchbruch der Menschenrechtsidee

Im 17. Jahrhundert führte die *Vertragstheorie* die Vorstellung von den natürlichen Rechten des Menschen weiter. Die Individuen schließen sich aus freien Stücken zu einem Gesellschaftsvertrag zusammen, die ursprüngliche Freiheit des Einzelnen soll dabei erhalten bleiben. Im Herrschaftsvertrag wird ein Pakt zwischen dem Herrscher und dem Volk abgeschlossen, wobei die Menschen ihre natürliche Freiheit abgeben und dafür ihre bürgerlichen Freiheiten erhalten (vgl.Kühnhardt 1987: 75 f.). So wurde der gedankliche Bogen gespannt zu den vorstaatlichen Rechten des Menschen, die der Staat nicht antasten dürfe. Hier sind vor allem John Milton und John Locke zu nennen. John Milton sprach bereits von Grundrechten wie Gewissens- und Redefreiheit (vgl. Oestreich 1963: 26).

Auch bei John Locke ist von angeborenen Grundrechten die Rede (Two Treatises of Government 1689). Leben, Freiheit und Eigentum werden durch einen Staat geschützt, der in seiner Gewalt beschränkt ist.

Im deutschen Sprachraum ist die *Aufklärung* als Erbin des Naturrechtsgedankens zu orten. Sie vereint die Begriffe „Freiheit" und „Gleichheit" mit dem Begriff der „Vernunft". Hier sind vor allem die Schriften *Immanuel Kants* federführend.

„Da es nun mit der unter den Völkern der Erde einmal durchgängig überhand genommenen (engeren oder weiteren) Gemeinschaft so weit gekommen ist, daß die Rechtsverletzung an einem Platz der Erde an allen gefühlt wird: so ist die Idee eines Weltbürgerrechts keine phantastische und überspannte Vorstellungsart des Rechts, sondern eine notwendige Ergänzung des ungeschriebenen Kodex sowohl des Staats-als Völkerrechts zum öffentlichen Menschenrechte überhaupt, und so zum ewigen Frieden, zu dem man sich in der kontinuierlichen Annäherung zu befinden nur unter dieser Bedingung schmeicheln darf." (Kant, Zum ewigen Frieden, in: Klemme 1992: 72)

Dieses Zitat könnte ebenso aus dem Munde eines Globalisierungskritikers stammen, sei es auch mit abgeänderter Wortwahl. Kant beschreibt hier bereits den universalen Gedanken der Menschenrechte und ihre globale Bedeutung für den weltweiten Frieden. Er nimmt sogar den Gedanken der Weltbürgerrechts auf, eine Idee, die noch heute auf der Agenda von Globalisierungskritik und Friedensforschung steht.

Die Thesen Kants sind weiters insofern relevant für die Thematik der Menschenrechte, als dass er Gedanken der Moralphilosophie und Rechtslehre anhand den Grenzen menschlicher Vernunft darlegt. In seinen Abhandlungen spiegelt sich das Freiheitsdenken der Moderne gepaart mit ethischen und metaphysischen Fragen wider. Sowohl die Idee des freien Willens (oder mit den Worten Kants des *guten Willens*) als auch die Vorstellung eines universalen Sittengesetzes bilden die Grundpfeiler der Menschenrechtsidee zu Beginn der Moderne. In seinen Darlegungen des kategorischen Imperativs bezieht sich Kant auf zentrale Aspekte der Menschenrechtsidee; die Autonomie der Moral, die Würde des Menschen und die gleiche Freiheit (vgl. Bielefeldt 1998).

Im Laufe des 18. Jahrhunderts setzte sich in den Schriften der Rechtsgelehrten und Philosophen der Begriff der „Menschenrechte" durch (vgl. Schmale 2002: 62 f.). Vor allem in der Auseinandersetzung mit den Schriften Hobbes' war die Thematik der Rechte der Menschen bezüglich des Naturzustandes und des Gemeinwesens aktuell geworden. Die Menschenrechte werden in ihrem Spannungsverhältnis zu Autoritätsvorstellungen gesehen. Mit dem Anspruch der unantastbaren Grundrechte werden politischen Veränderungen gefordert und erkämpft. Die Triebfeder dieser Vorstellung waren die sozialen Entwicklungen dieser Zeit. Das aufstrebende Bürgertum wollte seine Rechte gegenüber dem Staat und durch den Staat gesichert sehen (vgl. Oestreich 1963: 25). Vor allem das Recht der persönlichen Freiheit und des Eigentums führten in Konsequenz zur Forderung von Bürgerrechten.

Die erste rechtliche Ausgestaltung der Menschenrechtsidee in Zusammenhang mit Staatsgründungen vollzog sich im 18. Jahrhundert mit den großen Erklärungen der Amerikanischen und Französischen Revolutionen.

3.3. Die Revolutionen des 18. Jahrhunderts

Die Virginia Bill of Rights

Die *Virginia Bill of Rights* von 1776 und die *Menschen- und Bürgerrechtserklärung der Französischen Revolution* von 1789 sind die ersten Dokumente, die Menschenrechte systematisch darstellen und deren Einhaltung fordern.

In überspitzter Form lassen sich die Grundrechtskataloge Amerikas als eine Rechtfertigung für die Loslösung von der britischen Kolonialmacht sehen. Das Recht des Menschen, seine Regenten selbst zu bestimmen wurde abgeleitet aus Idealen der Naturrechtslehre, mit Anlehnung an philosophische Vordenker wie John Locke. Dabei war vor allem die Berufung auf die britische *Habeas Corpus Akte* von 1679 ein Argumentationspunkt. Dieser Rechtsakt des Mutterlandes war ein wichtiger Schritt in Richtung liberaler Abwehrrechte gegenüber der staatlichen Autorität, und beinhaltet das Recht der persönlichen Freiheit, ein fundamentales Menschenrecht der ersten Generation.

Die *Virginia Bill of Rights* vom 12. 6. 1776 ist der erste Grundrechtskatalog im Zuge der Unabhängigkeitserklärung Amerikas. In der Einleitung der Erklärung werden die dargelegten Rechte als Grundprinzip einer Regierungsmacht bezeichnet. Der erste Artikel der Erklärung zeigt den naturrechtlichen Grundgedanken und nennt die wichtigsten Grundrechte:

„That all men are by nature equally free and independent and have certain inherent rights, (...), namely the enjoyment of life and liberty, with the means of acquiring and possessing property and pursuing and obtaining happiness and safety." (*Virginia Bill of Rights*, zit. n. Commichau 1985: 52)

Die Menschen sind von Natur aus frei und gleich und besitzen unveräußerliche Rechte auf Leben, Freiheit, Eigentum und dem Streben nach Glück und Sicherheit. In den 15 Artikeln wird außerdem die Gewaltentrennung, ein eingeschränktes Wahlrecht, Versammlungsfreiheit, Pressefreiheit, das Freizügigkeits- und Petitionsrecht, das Recht auf ein faires Verfahren abgehandelt. -Später erfolgte der Zusatz der Religionsfreiheit (vgl. Kühnhardt 1987: 91). Dieser naturrechtliche „Freiheitsethos" als Legitimation der Erklärung ist auch der Hauptaspekt der nachfolgenden Grundrechtskataloge und Menschenrechtsforderungen, wie auch die der Französischen Revolution.

Ein interessanter Gesichtspunkt der *Virginia Bill of Rights* ist das Recht auf Glück und Sicherheit. „Glück" wird dabei stets mit den Begriffen „Wohlstand" und „Sicherheit" genannt und bekommt somit materielle Aspekte, die durch eine gute Regierung gewährleistet werden sollen (Art.3). In diesem Sinne beinhaltet die *Virginia Bill of Rights* also nicht nur liberale Abwehrrechte gegen einen Missbrauch der Autorität sondern auch Leistungsrechte, im Sinne von Forderungen an die optimale Regierung. Sie ist verantwortlich für das Glück der Untertanen und muss alles tun, um für das Wohl der politischen Gemeinschaft zu sorgen. Hier lassen sich also schon Menschenrechte der zweiten Generation erkennen.

Am 4. Juli 1776 erfolgte die *Unabhängigkeitserklärung der United States of America*. Sie nahm die zentralen Begriffe wie Gleichheit, Freiheit, unveräußerliche Rechte und „pursuit of happiness" auf (vgl. Kühnhardt 1987: 91). Die spätere Bundesverfassung der USA von 1787 hat diese Grundsätze in ihre *„Bill of Rights"* übernommen.

Die Erklärungen auf dem amerikanischen Kontinent verliehen dem revolutionären Geist in Frankreich zusätzlichen Antrieb.

Liberté – égalité – fraternité

Die *Déclaration des droits de l'homme et du citoyen* vom 26. August 1789, initiiert von Marquis de Lafayette, ist ebenso wie die *Amerikanische Unabhängigkeitserklärung* im Zuge eines Regimesturzes entstanden. Ihr Ziel war der Sturz des *ancien régime* und die Errichtung eines Regierungssystems auf der Basis von festgelegten Bürgerrechten. Menschenrechte wurden dabei zum Dreh- und Angelpunkt, denn deren bisherige Missachtung sei der Grund für die gesellschaftlichen Missstände und dem Machtmissbrauch der Regierenden. Der Schlüsselbegriff der Erklärung ist der Gemeinwille, der *volonté génerale* . Durch ihn werden die Gesetze bestimmt. Er setzt aber auch die Grenzen individueller Rechte. Bereits im ersten Artikel der Menschenrechtserklärung wird die angeborene Gleichheit der Menschen durch den gemeinschaftlichen Nutzen relativiert:

> „Die Menschen werden frei und gleich an Rechten geboren und bleiben es. Gesellschaftliche Unterschiede können nur auf den gemeinsamen Nutzen gegründet sein." Art. 1 (Die Erklärung der Rechte des Menschen und Bürgers, zit. nach Heidelmeyer 1997: 57)

Als natürliche und unveräußerliche Rechte werden *Freiheit*, *Eigentum*, *Sicherheit* und *Widerstand gegen Unterdrückung* genannt (Art. 2). Sie zu erhalten sei das Ziel jedes politischen Zusammenschlusses. Die Grenzen für die Freiheit des einen ist die unbeschadete Freiheit des anderen:

> „Die Freiheit besteht darin, alles tun zu können, was einem anderen nicht schadet: also hat die Ausübung der natürlichen Rechte jedes Menschen

keine Schranken als jene, die den übrigen Gliedern der Gesellschaft den Genuß dieser nämlichen Rechte sichern" (Art.4, zit. n. ebd.).

Die Grenzen dieser Rechte werden durch die Gesetze festgelegt, die wiederum dem Allgemeinwillen entspringen (Art. 6). Die nachfolgenden Artikel beinhalten weiters den Schutz vor willkürlicher Verhaftung, das Recht auf ein faires Verfahren, die Meinungsfreiheit und die Gewaltentrennung.

Die Bedeutung dieser Erklärung liegt in ihrem konstitutionellen Charakter. Der Rechtekatalog wurde in die Französische Verfassung von 1791 als Einleitung aufgenommen. Menschen- und Bürgerrechte werden so als elementarer Bestandteil eines politischen Systems verstanden und bilden seine Legitimation. Diese Entwicklung, die bereits mit der *Virginia Bill of Rights* einsetzte, setzte sich fort in der Aufnahme von Grundrechtskatalogen in Staatsverfassungen diverser Länder. In den liberalen Nationalstaaten des 19. Jahrhunderts wurde dieses Modell des Konstitutionalismus verfestigt. Neben der Selbstverständlichkeit einer Verfassung kommt die Aufnahme von bürgerlichen Grundfreiheiten in die Gesetzeswerke. Vor allem die *Belgische Verfassung* von 1831 diente als Vorbild für Europa (vgl. Kälin 1998: 7). Ein entscheidender Aspekt ist dabei aber die beschränkte Wirkung dieser Grundfreiheiten. Sie galten nur für Staatsangehörige und hatten keinen universellen Anspruch.

Die Forderungen nach sozialen Rechten

Die konstitutionelle Verankerung von Grundrechten im 19. Jahrhundert wurde den bürgerlichen Forderungen gerecht, doch mit dem Aufkommen der kapitalistischen Gesellschaftsform entstanden neue Problemlagen, die vor allem die Arbeiterschaft betrafen. Mit der sozialistischen Bewegung entstanden vermehrt Forderungen nach wirtschaftlichen und sozialen Rechten. Der englische *Chartismus* trat in Zusammenhang mit Menschen- und Bürgerrechten auch für Arbeiterrechte ein. In Analogie zum bürgerlichen Eigentumsrecht wurde das Recht des Arbeiters auf die geleistete Arbeit gefordert, und somit auf gerechten Lohn. - Ein wichtiger Kritiker der bürgerlichen Menschenrechtsidee war Karl Marx. Für ihn galten Menschenrechte nicht als Rechte des Einzelnen, sondern für die gesamte Arbeiterschaft als Klasse. (vgl. Oestreich 1963: 39). Ende des 19. Jahrhunderts war die Notwendigkeit von sozialen und wirtschaftlichen Schutzrechten nicht mehr zu leugnen. Dem wurde Rechnung getragen durch die Einführung von Arbeitsgesetzen wie Arbeitszeitbeschränkungen oder dem Verbot von Kinderarbeit, und sozialer Absicherung durch staatliche Kranken- und Altersversicherung. In vielen europäischen Staaten wurden so die Grundlagen für ein Sozialstaatssystem gelegt, das in modifizierter Form bis heute noch existiert.

Das Verhältnis von bürgerlichen Freiheitsrechten als erste Menschenrechtsgeneration und wirtschaftlichen und sozialen Menschenrechten als zweite Generation ist bis in das 20. Jahrhundert ein Diskussionspunkt in der Menschenrechtsproblematik geblieben.

3.4. Die Erklärung der Rechte der Frau und Bürgerin: Die Frau als vergessene Kategorie

Die französischen Frauen hatten einen großen Teil zur Revolution von 1789 beigetragen, und nun mussten sie erkennen, dass die Erklärung der „Menschen- und Bürgerrechte" sie in die Kategorie Mensch und Bürger nicht mit einbezog. Den Ausschlag für die Erklärung der Frauen gab ihr Ausschluss von der Nationalversammlung, also die Verwehrung des politischen Mitspracherechts für Frauen.
Die *„Erklärung der Rechte der Frau und Bürgerin" (Déclaration des droits de la femme et de la citoyenne)* vom 7. September 1791, verfasst von Olympe de Gouges, stellt insgesamt eine weitreichende Kritik an der patriarchalischen Gesellschaft und den Wissenschaften ihrer Zeit dar:

> „Extravagant, blind, von den Wissenschaften aufgeblasen und degeneriert, will er (der Mann, Anm.d.Verf.) in diesem Jahrhundert der Aufklärung und des Scharfsinns, doch in krassester Unwissenheit, despotisch über ein Geschlecht befehlen, das alle intellektuellen Fähigkeiten besitzt." (zit. nach Gerhard 1990:264)

Die Besinnung auf die Natur und die Mutterschaft, die die Frau bezüglich „Schönheit wie Mut" dem Mann überlegen macht, werden als Argumente für Forderungen der Frauen genannt. Durch die „Gesetze der Natur und Vernunft" soll die Tyrannei der Männer gegen die Frauen beseitigt werden. In der Menschenrechtserklärung von 1789 wird das Gesetz (also das positivistische Recht) als Regelwerk für die Gesellschaft genannt, während für die Frauen die Natur und das Vernunftsprinzip die Handlungen der Gesellschaft bestimmen. Die folgenden 17 Artikel sind eine Gegenüberstellung zur *Erklärung der Menschen- und Bürgerrechte*, wobei sie jeweils einen Kontrast zwischen dem Recht des Mannes und geforderten Rechten der Frau darstellen. Dem Artikel 1 „Die Menschen sind und bleiben von Geburt frei und gleich an Rechten." steht in der Frauenerklärung gegenüber: „Die Frau ist frei geboren und bleibt dem Manne gleich in allen Rechten." (zit. nach Gerhard 1990:265).
Erfolg hatten die Frauen mit dieser Erklärung nicht. Als 1793 in Frankreich jede politische Betätigung von Frauen per Gesetz verboten wurde, wurde die Verfasserin der Frauenrechtserklärung mit der Guillotine belohnt. Der Grund für

das Verbot von Frauenvereinen sei eine Gefährdung der öffentlichen Sicherheit. Der philosophische Hintergrund des Antifeminismus war die angebliche „Naturgegebenheit" des Geschlechterverhältnisses. Die Biologie der Frau bestimmt sie für Tätigkeiten wie Kindererziehung und die Sorge um den Haushalt. Der Jakobiner und Konventsabgeordnete Amar begründete den Ausschluss der Frauen aus der Politik wie folgt:

„Denn den Frauen fehlt es an allen Eigenschaften und Fähigkeiten, die zur Gesetzgebung und Leitung der öffentlichen Angelegenheiten nötig sind.(...) Jedes Geschlecht ruft nach der ihm eigenen Art von Beschäftigung....Der Mann ist stark, robust, mit einer großen Energie, mit Kühnheit und Mut geboren. Da er zu allem bestimmt ist, was nach Kraft und Intelligenz verlangt, so ist auch er allein zu tiefgehenden und ernsten Meditationen fähig, die eine große Anstrengung des Geistes und lange Studien voraussetzen." (Petersen, Susanne: Marktweiber und Amazonen. S.221f., zit. nach Christadler 1990: 30)

Das Naturrechtsdenken der Aufklärung unterstützte eine biologistische Geschlechterdefinition mit ihrer Polarität männlich / aktiv – weiblich / passiv. Dem Mann wird so das öffentliche Leben - sprich die Politik - zugedacht, während die Frau sich um das Private - also Heim und Herd – kümmern sollte. Wenn sich nun Olympe de Gouges ebenso auf die natürlichen Unterschiede der Geschlechter beruft, so sieht sie darin keinen Grund für soziale Unterschiede oder eine Unterordnung der Frau. In ihrer Erklärung ist von einer „Ordnung der Natur" die Rede, in der die Geschlechter ohne Hierarchie in Gemeinschaft zusammenarbeiten.

Die wissenschaftliche und philosophische Sichtweise von der natürlichen Unterordnung der Frau zieht sich mit aller Konsequenz durch die Jahrhunderte und bestimmte die gesellschaftlichen Verhältnisse und Strukturen, folglich auch das Rechtsdenken. Die Geschlechtsvormundschaft des Mannes über die Frau bedeutete eine rechtliche Ungleichheit, die auch durch das neuzeitliche bürgerliche Freiheitsethos nicht aufgelöst wurde. Klassische Menschenrechtserklärungen kennen folglich keine explizite Gleichstellung der Geschlechter. Der Tatsache, dass Frauen einer zweiten Ebene von Unterdrückung, nämlich der männlichen Vorherrschaft, ausgesetzt sind, und daher die Befreiung des männlichen Bürgers noch lange nicht die Befreiung der Frauen bedeutete, dem wurde in den großen Erklärungen keine Rechnung getragen.

Die erste ausdrückliche Thematisierung von Frauenrechten als Menschenrechte erfolgte erst im 20. Jahrhundert in der AEMR von 1948, die die Benachteiligung aufgrund von Geschlecht verbietet. Die *Kommission für die Rechtsstellung der Frau* (Commission on the Status of Women, CSW, gegründet 1946) ist ein politisches Organ der UNO und hat Vertragswerke zu spezifischen Frauenrechten ausgearbeitet. Am bedeutendsten ist die *Konvention zur Beseitigung jeder Form von Diskriminierung der Frau* von 1979 (Convention on the Elimination of All Forms of Discrimination against Women CEDAW), die einen Bezug auf die Menschenrechtsdimension von Frauenrechten hat (Art. 1) (vgl.Nowak 2002: 101). Die logische Schlussfolgerung lautet: Die Unterdrückung der Frau ist ein Verstoß gegen Menschenrechte an sich und nicht lediglich ein „Nebenprodukt" der gesellschaftlichen Verhältnisse.

Selbst bei den Menschenrechts-NGOs war die Thematik „Frauenrechte als Menschenrechte" lange ein „Stiefkind" ihrer Agenden. Erst in den 1980er Jahren haben internationale Menschenrechtsorganisationen wie *Human Rights Watch* oder *amnesty international* Menschenrechtsverletzungen an Frauen als eigenständiges Thema übernommen (vgl. Gottstein 1998: 76).
Um kulturrelativistische Rechtfertigungen für die Missachtung von Frauenrechten einen Riegel vorzuschieben, wurde in der *Wiener Erklärung* vom Juni 1993 eine geschlechtsspezifische Diskriminierung aufgrund „kultureller Vorurteile" verurteilt.
Ein wichtiger Schritt in Richtung Frauenrechte als Menschenrechte ist *die Erklärung über die Beseitigung von Gewalt gegen Frauen* (Res.48/104 der Generalversammlung der UN) vom 20.12.1993. Hier wird auch das private Leben in den Regelungsbereich miteinbezogen und der Staat für „private Täter" zur Verantwortung gezogen (vgl. Gottstein 1998: 83).

3.5. Die Menschenrechte im 20. Jahrhundert

Die Geschehnisse des 20. Jahrhundert zeigten die Grenzen der normativen Menschenrechtsidee in internationalen Ausmaßen. Die Gräuel des Nationalsozialismus machten ein Überdenken des damaligen Status Quo notwendig.

Der *Völkerbund* war die erste internationale Organisation mit universalem Anspruch auf Friedenserhaltung. Die Einrichtung von Überwachungsorganen und die Forderung von Mindestrechten in den Mandatsgebieten kann als Probelauf zum späteren Menschenrechtssytem der *United Nations* angesehen werden (vgl. Nowak 2002: 32f.).

Nach Ende des Zweiten Weltkrieges musste das Bekenntnis zu unverletzlichen Menschenrechten erneuert und bestärkt werden. Die Aufgabe war zu wichtig, als dass sie in einzelstaatlichen Händen bleiben konnte. Die nationale Souveränität hatte sich nicht nur als Hemmschuh des Menschenrechtsschutzes erwiesen sondern auch als Rechtfertigung für Menschenrechtsverletzungen bis hin zum Völkermord.

Ein erster wichtiger Schritt zur Internationalisierung der Menschenrechte war die Gründung der UNO 1945. Die *Charta der Vereinten Nationen* wurde von 50 Teilnehmerstaaten unterzeichnet. Bereits die Präambel ist ein Zugeständnis an fundamentale Menschenrechte und die Würde des Menschen. In Artikel 1 werden die Ziele näher erläutert: *Weltfrieden, internationale Sicherheit, die Gleichberechtigung und Selbstbestimmung der Völker* und die *Achtung vor den Menschenrechten* „für alle ohne Unterschied der Rasse, des Geschlechts, der Sprache oder der Religion". (Charta der Vereinten Nationen, zit. nach Krüger 1995: 12).

Die Allgemeine Erklärung der Menschenrechte

Der entscheidende Schritt zu einer Universalisierung der Menschenrechte war zweifelsohne die *Allgemeine Erklärung der Menschenrechte* vom 10. 12. 1948. Sie ist das erste Dokument, das die Menschenrechte der ersten und zweiten Generation auflistet und internationale Gültigkeit beansprucht. Erarbeitet wurde sie von der 1946 gegründeten *Menschenrechtskommission* der UNO, einem Unterorgan des Wirtschafts- und Sozialrates ECOSOC *(Economic and Social Council)*. Die Kommission beschloss eine *„International Bill of Human Rights"* auszuarbeiten; diese sollte nicht nur eine Konvention über Menschenrechte beinhalten sondern auch geeignete Maßnahmen zur Durchsetzung und Sicherung der Normen. Zur Zeit der Beratungsgespräche verschlechterten sich die internationalen Beziehungen zwischen Ost und West in Richtung Kalter Krieg und so kam es zu Schwierigkeiten in der Kommissionsarbeit. Vorsitzende der Menschenrechtskommission war Eleanor Roosevelt, die Witwe des ehemaligen US-Präsidenten Franklin D. Roosevelt. Sie verwarf nun den Plan eines völkerrechtlich bindenden Menschenrechtsvertrages und legte sich auf einen allgemein gehaltenen Entwurf fest. Die Aussichten auf eine Einigung innerhalb der Kommission wären so besser. – Auf Roosevelts Anraten wurde auch der Begriff „human rights" anstatt „rights of man" verwendet, wodurch eine geschlechtsneutrale Sprachweise in der Erklärung zum Ausdruck kommen sollte (vgl. Kühnhardt 1987: 115).- Die Sowjetunion drängte vor allem auf die Aufnahme von wirtschaftlichen und sozialen Rechten, was von westlicher Seite nicht gut aufgenommen wurde. Nach intensiven Verhandlungen lag im Herbst 1948 der Entwurf vor, der eine stark westliche Prägung zeigt (vgl. Opitz 2002: 63f.). Der Dritte Ausschuss der UN-Generalversammlung, der für Menschenrechtsangelegenheiten zuständig ist, nahm den Entwurf nach einer letzten Diskussion an und gab ihn an die Generalversammlung weiter, die die Erklärung am 10. Dezember 1948 (GA Res. 217 A III) ohne Gegenstimmen, aber mit acht Enthaltungen annahm. Die Stimmen der Enthaltung kamen von der Sowjetunion, Weißrussland, der Ukraine, Polen, der CSSR, Jugoslawien, Saudi-Arabien und Südafrika (vgl. ebd.: 66). Der Einwand Saudi-Arabiens war beispielsweise die Religionsfreiheit im Art. 18, die als nicht vereinbar mit den Geboten des Islam gilt.

Rechtsmäßig war die AEMR nur eine Empfehlung der Generalversammlung ohne Verbindlichkeit oder Verpflichtung für die Staaten.

Bereits in der Präambel wird dieser allgemeine Charakter festgehalten. Die Erklärung gilt als „das von allen Völkern und Nationen zu erreichende gemeinsame Ideal" (Präambel der AEMR, zit. nach Heidelmeyer 1997: 209). In der englischen Version ist die Rede von einem „common standard of achievement for all peoples and all nations".(Universal Declaration of Human Rights, A/RES/217 A (III) Preamble, zit.n. The United Nations 1995: 153)

Dieses gemeinsame Ideal bzw. der gemeinsame Standard an Menschenrechtsnormen wird in der Erklärung dargelegt anhand von 30 Artikeln. Ich werde mich im folgenden auf die deutschsprachige Version der AEMR beziehen (vgl. Heidelmeyer 1997: 209-214).

Artikel 1 stellt die ideelle Verbindung zu den bisherigen historischen Menschenrechtsdeklarationen (s. oben) her:

„Alle Menschen sind frei und gleich an Würde und Rechten geboren. Sie sind mit Vernunft und Gewissen begabt und sollen einander im Geiste der Brüderlichkeit begegnen." (ebd.)

Die Begriffe Gleichheit, Freiheit, Würde und Vernunft sind ohne Zweifel Produkte der westlichen Tradition des Naturrechtsdenken und der Aufklärung.

Dieser erste Artikel nennt also den ideologischen Hintergrund und die Prämisse unter der die Erklärung zustande kam. In Artikel 2 wird der Diskriminierung nach „Rasse, Farbe, Geschlecht, Sprache, Religion, politischer Überzeugung, nationaler oder sozialer Herkunft, nach Eigentum oder sonstigen Umständen" ein Riegel vorgeschoben. Die darauf folgenden Artikel sind eine Darlegung von bürgerlichen und politischen Freiheitsrechten, also Rechte der ersten Generation. Artikel 3 beinhaltet das Recht auf Leben, Freiheit und Sicherheit der Person. Artikel 4 nennt das Sklavereiverbot, Artikel 5 das Folterverbot und den Schutz vor „grausamer, unmenschlicher oder erniedrigender Behandlung oder Strafe". Artikel 6 bis 11 beziehen sich auf die Rechtspersönlichkeit jedes Menschen und nennen somit typische *habeas corpus-* Rechte (Schutz vor willkürlicher Festnahme, Gleichheit vor dem Gesetz, ein gerechtes Verfahren etc.). Artikel 12 nennt den Schutz des Privatlebens, Artikel 13 das Recht auf Freizügigkeit und Reisefreiheit. Artikel 14 entspricht einem Asylrecht. Artikel 15 beschreibt das Recht auf eine Staatsangehörigkeit. Artikel 16 beschäftigt sich mit der Eheschließung; dabei bezieht sich die Erklärung auf die Ehe zwischen Mann und Frau und bezeichnet die Familie als Kern der Gesellschaft, den es zu schützen gilt. Das Eigentumsrecht wird in Artikel 17 genannt. Dabei ist die Formulierung interessant, dass das Recht auf Eigentum „allein oder in Gemeinschaft mit anderen" gültig ist. Also nicht nur das Privateigentum ist ein Menschenrecht sondern auch der gemeinschaftliche Besitz. Dieser Zusatz stellte wahrscheinlich ein Zugeständnis des Westens an die kommunistischen Staaten dar. Artikel 18 bis 21 enthalten die Normen der Gedankens- und Glaubensfreiheit, freie Meinungsäußerung, Informationsfreiheit, Versammlungs- und Vereinsfreiheit und das Recht auf politische Partizipation. Die Passage in Artikel 21 lässt an den Begriff *volonté générale* der Französischen Menschenrechtserklärung denken, wenn es heißt: „Der Wille des Volkes bildet die Grundlage für die Autorität der öffentlichen Gewalt."

Ab Artikel 22 kommen soziale, wirtschaftliche und kulturelle Rechte zur Sprache, also Menschenrechte der zweiten Generation. Dabei werden innerstaatliche Maßnahmen und internationale Zusammenarbeit als Mittel für die Verwirklichung der sozialen Sicherheit jedes Menschen genannt. Die wirtschaftlichen, sozialen und kulturellen Rechte werden als maßgeblich für die Würde des Menschen und die freie Entwicklung der Persönlichkeit angesehen (Art.22). Artikel 23 nennt das Recht auf Arbeit und gerechte Entlohnung, die eine Existenz der „menschlichen Würde" entsprechend zulässt. Dies wird durch das Recht auf soziale Absicherung durch den Staat ergänzt. Artikel 24 spricht von dem Anspruch auf Erholung und Freizeit. In Artikel 25 werden die Grundlagen einer adäquaten Lebenshaltung genannt. Dies schließt ein:

Gesundheit, Nahrung, Kleidung, Wohnung, ärztliche Betreuung und soziale Absicherung. Explizit genannt wird die besonders unterstützenswerte Lage von Mutter und Kind.

Das Recht auf Bildung wird im nächsten Artikel abgehandelt. Dabei wird der Elementarunterricht als obligatorisch festgelegt. Sehr interessant ist die Nennung einer Zielbestimmung der Ausbildung. Sie soll nicht nur die „volle Entfaltung der menschlichen Persönlichkeit" sondern auch die „Stärkung der Achtung der Menschenrechte und Grundfreiheiten" zum Ziel haben und den internationalen Frieden fördern (Art.26). Hier ist sehr stark eine idealistische normative Ausrichtung des Textes zu sehen.

Von der Freiheit der Künste und von der Teilnahme am wissenschaftlichen Fortschritt ist ebenfalls die Rede (Art.27).

Artikel 28 ist ein Satz, der eigentlich schon der dritten Generation der Menschenrechte zuzurechnen ist, denn er bezieht sich auf die Gestaltung des Weltsystems:

> „Jeder Mensch hat Anspruch auf eine soziale und internationale Ordnung, in welcher die in der vorliegenden Erklärung angeführten Rechte und Freiheiten voll verwirklicht werden können."

Nicht ohne Grund fand diese idealistische Aussage keinen Eingang in die späteren rechtsverbindlichen Menschenrechtspakte von 1966. Die Folgen wären weitreichend gewesen. In aller Konsequenz weitergedacht würde dieser Satz allein durch die Frage der Auslegung einen weltweiten ideologischen Disput auslösen und das internationale System, wie es heute existiert, müsste von Grund auf geändert werden. Die Vorstellung von einer Weltordnung, in der alle Menschen ihre Rechte und Freiheiten voll verwirklichen können, scheint zu unrealistisch. Sieht man diesen Artikel in Zusammenhang zur Globalisierung der letzten Zeit, so hat dieser Satz vor allem für die globalisierungskritische Bewegung seine Richtigkeit und Wichtigkeit. Inwiefern sie in ihren Erläuterungen darauf Bezug nimmt, werde ich später noch zeigen.

Artikel 29 der AEMR spricht die Pflichten des Menschen gegenüber der Gemeinschaft an. Hier ist auch die Einschränkung durch das Gesetz zum Schutz der Rechte anderer erwähnt. Dieser Bezug zur öffentlichen Ordnung und den allgemeinen Nutzen als Maßstab der Politik ist ebenfalls in der *Französischen Deklaration* zu finden. - Die Debatte über die „Menschenpflichten" in Ergänzung zu den „Menschenrechten" wurde vor allem in den 1970er Jahren von afrikanischen und asiatischen Staaten initiiert. In den 1990er Jahren wurden zwei Erklärung über die Menschenpflichten veröffentlicht (s. unten).

Der letzte Artikel der *Allgemeinen Erklärung der Menschenrechte* ist eine Schutzklausel gegen den Missbrauch der dargelegten Rechte. Kein Recht dürfe so ausgelegt werden, dass es zu einer Vernichtung der Rechte kommen könnte.

Die AEMR ist trotz ihrer rechtlichen Unverbindlichkeit von großer Bedeutung. Sie ist das erste Menschenrechtsdokument, das internationale Gültigkeit beanspruchen kann. Sie setzt Standards im Menschenrechtsbereich und wurde zur Quelle nachfolgender Dokumente und Konventionen. - Die erste Hälfte der Erklärung fand größtenteils ihre völkerrechtlich verbindliche Umsetzung im *Internationalen Pakt über bürgerliche und politische Rechte* (*International Convenant on Civil and Political Rights*, ICCPR) während der zweite Teil - bis auf besagten Artikel 28 – seinen Niederschlag im *Internationalen Pakt über wirtschaftliche, soziale und kulturelle Rechte* (*International Convenant on Economic, Social and Cultural Rights*, ICESCR) fand.-
Die Thematik des Menschenrechtsschutzes wurde zum völkerrechtlichen Sujet und somit aus der alleinigen Sphäre des Nationalstaates herausgeholt. Dabei wurde die Einhaltung der Menschenrechte zum Grundpfeiler für eine friedliche internationale Ordnung gemacht.

ICESCR und ICCPR - Die Menschenrechtspakte von 1966

Der nächste wichtige Schritt nach der internationalen Verkündung der AEMR war nun ein völkerrechtlich verbindlicher Vertrag über die Menschenrechte. Bereits 1947 hatte die Menschenrechtskommission der UNO erste Entwürfe vorgelegt, die sich jedoch lediglich auf politische und bürgerliche Rechte bezogen. Die Aufnahme von wirtschaftlichen, sozialen und kulturellen Rechten war der Gegenstand einer jahrelangen Diskussion. Entschiedener Widerstand bezüglich wirtschaftlicher Rechte kam beispielsweise von den USA. Auf Initiative konservativer Politiker, die gegen eine vertragliche Bindung waren, zogen sich die USA 1953 aus der Mitarbeit an dem beiden Pakten zurück, Eleanor Roosevelt wurde zum Rücktritt gezwungen. Unter Präsident Jimmy Carter wurden die Menschenrechte dann wieder ein Thema der amerikanischen Außenpolitik (vgl.Opitz 2002: 71).
Schließlich entschied sich die Kommission 1952 zu einer Trennung des Menschenrechtskataloges in zwei Pakte, dem *Zivilpakt* mit den bürgerlich-politischen Menschenrechten und dem *Sozialpakt* mit den wirtschaftlichen, sozialen und kulturellen Rechten. Diese Aufteilung versprach eine einfachere Umsetzung in nationales Recht, da der Zivilpakt einklagbare Abwehrrechte beinhaltet und der Sozialpakt Anspruchs- und Leistungsrechte, die den Staat zu Maßnahmen verpflichten. (vgl. Opitz 2002: 70). Die sozialistischen Staaten waren gegen das Argument, dass die WSK-Rechte reine „Programmrechte" ohne juristische Umsetzbarkeit wären und hatten die Unteilbarkeit der Menschenrechte betont. Gleichzeitig waren sie aber gegen eine effiziente internationale Überwachung ihrer Einhaltung (vgl. Nowak 2002: 93). Die Industriestaaten wiederum hatten Vorbehalte gegen die wirtschaftlichen und

sozialen Rechte. Durch die Teilung in zwei Pakte erhöhte sich also faktisch die Chance, dass die Staaten wenigsten jeweils einen der beiden Pakte ratifizieren würden.

Ein wichtiger inhaltlicher Punkt in der Diskussion war das Selbstbestimmungsrecht der Völker. Schon 1950 hatte die UN-Generalversammlung die Menschenrechtskommission dazu aufgefordert, das Selbstbestimmungsrecht in die Pakte mit einzubeziehen, es folgten mehrere Resolutionen mit demselben Inhalt. Der politische Hintergrund dafür war der Entkolonialisierungsprozess. Die Länder des Südens konnten ihre Forderungen als Mehrheit in der Generalversammlung durchsetzen. (vgl. Opitz 2002: 110 f.). Die Selbstbestimmung der Völker ist zwar als Grundsatz in der *UN-Charta* enthalten (Art.1), ein einforderbares Recht war es zu diesem Zeitpunkt jedoch noch nicht. Ein wichtiger Schritt dorthin war die *Erklärung über die Gewährung der Unabhängigkeit an koloniale Länder und Völker* (Declaration on the Granting of Independence to Colonial Countries and Peoples, Res.1514 XV) vom 14. Dezember 1960. Sie erklärt die Fremdherrschaft über ein Volk als einen Verstoß gegen fundamentale Menschenrechte und erhebt die Selbstbestimmung jedes Volkes zu einem Recht: „All peoples have the right to self-determination." (Punkt 2 der Erklärung, zit. n. The United Nations 1995: 205) Daraus wird auch das Recht auf eine eigenständige wirtschaftliche, soziale und kulturelle Entwicklung abgeleitet.

Schließlich sollte es noch bis 1966 dauern, bis die beiden Menschenrechtspakte von der UN-Generalversammlung angenommen wurden. Am 16. Dezember nahm die Generalversammlung ohne Gegenstimmen die Resolution an, die die beiden Pakte und das *Erste Fakultativprotokoll* betraf (GA. Res. 2200 A XXI). Das Fakultativprotokoll bezieht sich auf den Zivilpakt und sieht eine *Individualbeschwerde* vor. Für das Inkrafttreten der beiden Pakte waren aber 35 Ratifikationen durch die Staaten erforderlich und so dauerte es weitere zehn Jahre, bis der ICESCR schließlich am 3. Jänner 1976 und der ICCPR am 23. März 1976 in Kraft traten. Bis Mitte 2001 haben den Zivilpakt 147 Staaten ratifiziert und den Sozialpakt 144 Staaten (vgl. Nowak 2002: 71).

Der Internationale Pakt über bürgerliche und politische Rechte ICCPR

In der Präambel des sogenannten *Zivilpaktes* findet sich ein Bezug auf die *Allgemeine Erklärung der Menschenrechte:*
Das dort deklarierte „*Ideal vom freien Menschen, der bürgerliche und politische Freiheit genießt und frei von Furcht und Not lebt*" kann nur verwirklicht werden durch die Schaffung von Verhältnissen, „*in denen jeder seine bürgerlichen und politischen Rechte ebenso wie seine wirtschaftlichen, sozialen und kulturellen*

Rechte genießen kann" (Internationaler Pakt über bürgerliche und politische Rechte vom 19. Dezember 1966, Präambel, zit. n. Heidelmeyer 1997: 235). Es wird also einerseits ein Schritt vom Ideal in die realen Verhältnisse gemacht und andererseits wird auf die Unteilbarkeit von bürgerlich-politischen und WSK-Rechten hingewiesen. Ein weiterer Punkt in der Präambel sind die Pflichten, die der einzelne „gegenüber seinen Mitmenschen und der Gemeinschaft" hat und dementsprechend für die dargelegten Rechte einzutreten hat.

Artikel 1 des Zivilpaktes behandelt das Selbstbestimmungsrecht der Völker und ist in gleicher Weise im Sozialpakt enthalten. Er nimmt den Gedanken der oben erwähnten Erklärung von Dezember 1960 auf:
„Alle Völker haben das Recht auf Selbstbestimmung. Kraft dieses Rechts entscheiden sie frei über ihren politischen Status und gestalten in Freiheit ihre wirtschaftliche, soziale und kulturelle Entwicklung." (ebd. Art. 1)

In Artikel 2 – 5 werden die Pflichten der Vertragsstaaten ausführlicher dargelegt. Artikel 2 verpflichtet sie dazu, die angegebenen Rechte jeder Person ohne Diskriminierung zu gewähren. Die Gesetzgebung solle Vorkehrungen für die Verwirklichung der Rechte treffen, und die staatlichen Organe dazu befähigen, diesbezügliche Beschwerden behandeln zu können.
Artikel 3 bestätigt die Gleichbehandlung von Mann und Frau, wobei die Vertragsstaaten die Gleichberechtigung bei der Ausübung der Rechte sicherstellen sollen. Dieser Teil des Paktes setzt im weiteren Sinne Artikel 1 der *Allgemeinen Erklärung der Menschenrechte*, den Gleichheitsgrundsatz, um. Die sprachliche Formulierung der Person ist allerdings nicht geschlechtsneutral. Dem englischen „everyone" und *„his* right" entspricht in der deutschen Version der beiden Menschenrechtspakte der Ausdruck „jeder" und *„sein* Recht".
Artikel 4 und 5 beschäftigen sich mit den Beschränkungen des Paktes durch nationales Recht. Im Falle eines Notstandes können die Staaten Teile der Verpflichtungen des Paktes außer Kraft setzen (mit Ausnahme von Artikel 6, 7, 8, 11, 15, 16 und 18). Dabei müsse dem UN-Generalsekretär eine Begründung abgegeben werden und eine Dauer der Maßnahmen festgelegt werden (Art.4). Der Verbot einer falschen Interpretation der Rechte ist in Artikel 5 enthalten.
Mit Artikel 6 bis 27 folgt der Katalog der bürgerlichen und politischen Rechte. Den Beginn macht das Recht auf Leben (Art.6). Dieses Recht sei gesetzlich zu schützen, und in diesem Sinne widmet sich der Großteil des Artikels mit der Beschränkung der Todesstrafe. Sie wird nicht gänzlich verurteilt, sondern reglementiert. Sie dürfe nur für „schwerste Verbrechen" durch ein zuständiges Gericht verhängt werden und nicht dem „Tatbestand des Völkermordes" erfüllen. Jugendliche unter 18 Jahren und Schwangere sind vom Vollzug der Todesstrafe auszunehmen.
In Artikel 7 wird das Folterverbot genannt und ergänzt durch die Thematik von unfreiwilligen medizinischen und wissenschaftlichen Versuchen.

Artikel 8 enthält das Sklavereiverbot und eine detaillierte Beschreibung von Zwangsarbeit und Ausnahmen (Strafvollzug, Notstandsklausel).

In Artikel 9 wird das Recht der persönlichen Freiheit und Sicherheit erklärt, also das Recht auf ein angemessenes Verfahren. Ein Anspruch auf unrechtmäßige Festnahme oder Haft wird ebenfalls eingeräumt.

Artikel 10 bezieht sich auf Haftbedingungen. Jede inhaftierte Person sei mit Achtung der menschlichen Würde zu behandeln. Der Strafvollzug solle auf die gesellschaftliche Wiedereingliederung der Gefangenen abzielen. Jugendliche seien dabei von erwachsenen Straffälligen zu trennen. Artikel 11 schließt eine Vertragsverletzung als Haftgrund aus.

Die nächsten zwei Artikel behandeln die Staatsbürgerschaft und die Reisefreiheit. Die Bewegungsfreiheit innerhalb eines Staatsgebietes dürfe nur eingeschränkt werden zum Schutz der nationalen Sicherheit und öffentlichen Ordnung (Art.12). Ein Ausländer, der sich rechtmäßig im Staatsgebiet aufhält, kann nur durch einen rechtmäßigen Entscheid ausgewiesen werden, gegen welchen er Einspruch erheben kann. Ausnahme ist hier wiederum die nationale Sicherheit (Art.13).

Artikel 14 bis 16 befassen sich genauer mit gerichtlichen Verfahren; mit der Unschuldsvermutung und bestimmten Mindestgarantien einer Verhandlung (Art.14), dem zeitlichen Zusammenhang einer Handlung mit dem Strafgesetz (Art.15) und der uneingeschränkten Rechtsfähigkeit jeder Person (Art.16).

Artikel 17 befasst sich mit dem Schutz des Privatlebens. Jeder Mensch hat das Recht auf rechtlichen Schutz vor „willkürlichen oder rechtswidrigen" Eingriffen in das Privatleben, die Wohnung, den Schriftverkehr oder die Ehre.

Artikel 18 beinhaltet die Gedanken-, Gewissens- und Religionsfreiheit, die auch die freie Erziehung der Kinder durch die Eltern mit einschließt. Die Religion oder Weltanschauung sei öffentlich oder privat frei auszuüben und ist nur gesetzlichen Beschränkungen zum Schutz der öffentlichen Sicherheit und der Freiheiten anderer unterworfen.

Artikel 19 erläutert die Meinungs- und Informationsfreiheit. Jegliches Gedankengut dürfe frei weitergegeben und empfangen werden. Gesetzliche Einschränkungen können dann angewendet werden, wenn der Achtung der Rechte des anderen oder die nationale Sicherheit etc gefährdet wären.

Artikel 20 verbietet Kriegspropaganda und das Schüren von nationalem, rassischem oder religiösem Hass. In Artikel 21 ist vom Versammlungsrecht die Rede. Hier gibt es wiederum gesetzliche Einschränkungen im Sinne des öffentlichen Wohles oder zum Schutz der Rechte anderer.

Artikel 22 behandelt das Recht, Gewerkschaften zu bilden und ihnen beizutreten. Die Einschränkungen sind wie oben Gesetze im Sinne der öffentlichen Sicherheit etc.

Artikel 23 hat die Ehe zwischen Mann und Frau zum Thema. Sie soll aus freien Stücken geschlossen werden und eine gleichberechtigte Partnerschaft sein. Als

„natürliche Kernzelle der Gesellschaft" sei die Familie durch den Staat zu schützen.

Artikel 24 widmet sich dem Kind. Es hat das Recht auf Schutz durch Familie, Gesellschaft und Staat ohne Diskriminierung und das Recht auf eine Staatsangehörigkeit. Jedes Kind sei behördlich zu erfassen.

Artikel 25 enthält das Recht auf politische Partizipation durch aktives und passives Wahlrecht, wobei sich dieses Recht explizit auf „Staatsbürger" bezieht. Die politische Teilnahme könne direkt oder durch gewählte Vertreter erfolgen. Die Wahlen seien allgemein, gleich, geheim und regelmäßig abzuhalten.

Artikel 26 ist ein Diskriminierungsverbot, wobei sich Diskriminierung nicht nur auf Sprache, Geschlecht und politischer Anschauung bezieht, sondern auch auf soziale Herkunft und Vermögen. In diesem Sinne haben alle Menschen gleiche Stellung vor dem Gesetz.

Artikel 27 nennt das Recht von Minderheiten auf Pflege ihrer eigenen Kultur, was die freie Religionsausübung und den Gebrauch der eigenen Sprache mit einschließt.

Im Teil IV des ICCPR (Artikel 28 –45) werden die Durchführungsorgane und Kontrollverfahren vorgestellt. Diese werde ich in einem eigenen Kapitel abhandeln.

Artikel 46 bis 53 enthält Auslegungs- und Ratifizierungsbestimmungen.

Im *Ersten Fakultativprotokoll* zum Zivilpakt wird die Individualbeschwerde ermöglicht.

Dieses Protokoll wurde bis 2002 von mehr als 100 Staaten ratifiziert (vgl. Nowak 2002: 115).

Nicht alle Rechte der AEMR fanden Eingang in den Menschenrechtspakt; das Recht auf Asyl und das Recht auf Eigentum fehlen.

Der Internationale Pakt über wirtschaftliche, soziale und kulturelle Rechte ICESCR

Die Präambel des *Sozialpaktes* ist mit dem des *Zivilpaktes* identisch. Der einzige Unterschied ist, dass von dem *„Ideal vom freien Menschen, der frei von Furcht und Not lebt"*(ICESCR, Präambel, zit.n. Ermacora 1982: 99) die Rede ist und der Bezug zu den bürgerlichen und politischen Freiheiten mit Bezug auf die zu schaffende materiellen Verhältnisse erfolgt. In diesen Verhältnissen solle es jedem möglich sein, „seine wirtschaftlichen, sozialen und kulturellen Rechte ebenso wie seine bürgerlichen und politischen Rechte" genießen zu können". Dadurch wird die Interdependenz der beiden Menschenrechtsgenerationen betont.

Der erste Artikel über das Selbstbestimmungsrecht der Völker entspricht dem ersten Artikel des Zivilpaktes (s. oben).

Der *Sozialpakt* stellt die Kodifizierung der Menschenrechte der zweiten Generation dar. Im Gegensatz zum *Zivilpakt* sind die Verpflichtungen für die Vertragsstaaten aber vorsichtiger gehalten. Artikel 2 bestimmt, dass schrittweise die aufgeführten Rechte verwirklicht werden sollen („...with a view to achieving progressively the full realization of the rights", Art.2 Ziff.1 ICESCR, zit. n. The United Nations 1995: 230). Dabei soll dies in Einklang mit den Möglichkeiten des Staates geschehen („...unter Ausschöpfung aller seiner Möglichkeiten" Art.2 Ziff.1). So kann es passieren, dass ein Verstoß gegen die dargelegten Rechte mit dem schlechten wirtschaftlichen Zustand eines Landes gerechtfertigt wird. Entwicklungsländer haben die Möglichkeit, Nicht-Staatsangehörige aus der Gewährung wirtschaftlicher Rechte auszunehmen.

Artikel 3 bis 5 enthalten - wie im *Zivilpakt* - das Gleichbehandlungsgebot, Beschränkungsbestimmungen und Auslegungsbestimmungen. Einschränkungen der dargelegten Rechte dürfen nur den Zweck haben, *„das allgemeine Wohl in einer demokratischen Gesellschaft zu fördern"* (Art.4). Hier ist die Interpretationsmöglichkeit für die einzelnen Staaten relativ hoch, denn Sparmaßnahmen können so als wichtiger für das Allgemeinwohl dargestellt werden als beispielsweise Sozialausgaben oder Kulturförderungen.

Artikel 6 bis 15 enthalten den eigentlichen Rechtekatalog, wobei Art.6-8 die wirtschaftlichen Rechte, Art.9-12 die sozialen und Art.13-15 die kulturellen Rechte darlegt. Das Recht auf Arbeit macht den Anfang. Es steht nicht nur jedem zu, seine Arbeit frei zu wählen, der Vertragsstaat wird auch dazu angehalten, Maßnahmen zu einer *„produktiven Vollbeschäftigung"* zu treffen *„unter Bedingungen, welche die politischen und wirtschaftlichen Grundfreiheiten des einzelnen schützt"* (Art.6). Hier ist also wiederum von der Unteilbarkeit der Menschenrechte die Rede. Der wirtschaftliche Wohlstand dürfe also nicht auf Kosten politischer Rechte forciert werden. In Artikel 7 werden sichere und gesunde Arbeitsbedingungen, angemessener Lohn und bezahlter Urlaub festgelegt. Artikel 8 enthält das Recht zur Bildung von Gewerkschaften und Streikrecht inklusive Einschränkungsbedingungen (nationale Sicherheit, öffentliche Ordnung etc.). Gewerkschaften hätten das Recht, sowohl nationale Verbände als auch internationale Organisationen zu bilden. Das Streikrecht müsse dabei in Übereinstimmung mit dem nationalstaatlichen Recht ausgeübt werden.

Die sozialen Rechte beginnen mit einem kurzen Artikel: *„Die Vertragsstaaten erkennen das Recht eines jeden auf Soziale Sicherheit an; diese schließt die Sozialversicherung ein"* (Art. 9). Im nächsten Artikel ist vom Schutz der Familie die Rede, vom Mutterschutz und von Kinderrechten. Artikel 11 nennt das Recht auf einen angemessenen Lebensstandard, wobei die Vertragsstaaten dieses Ziel durch internationale Zusammenarbeit erreichen sollen, vor allem in Bezug auf eine gerechte Verteilung der Nahrungsmittelvorräte der Welt, ein Bezug auf die Entwicklungszusammenarbeit.

Artikel 12 spricht jedem das Recht auf ein Höchstmaß an körperlicher und geistiger Gesundheit zu. Dazu werden staatliche Maßnahmen gefordert bezüglich Kindersterblichkeit, Umwelt- und Arbeitsbedingungen, Krankheiten und medizinischer Versorgung.

Die letzte Rechtsgruppe im *Sozialpakt* bilden die kulturellen Rechte. In Artikel 13 wird das Recht auf Bildung erläutert. Diese solle „auf die volle Entfaltung der menschlichen Persönlichkeit und des Bewußtseins ihrer Würde gerichtet sein und die Achtung vor den Menschenrechten und Grundfreiheiten stärken". Ferner ist ihr Zweck „Verständnis, Toleranz und Freundschaft unter allen Völkern" und die Erhaltung des Friedens. Dieser Absatz zeigt eine sehr idealistische Ausrichtung und steht ganz in Tradition zur Denkweise der AEMR. Der Grundschulunterricht sei verpflichtend und unentgeltlich. Weiterführender Unterricht, wie auch Hochschulunterricht, sei durch die allmähliche Einführung von Unentgeltlichkeit frei zugänglich zu machen. Das Recht auf Privatunterricht ist ebenfalls festgehalten.

Artikel 14 verpflichtet jeden Vertragsstaat zur Verwirklichung einer unentgeltlichen Grundschulpflicht innerhalb eines geplanten Zeitraumes.

Im letzten Artikel des Rechtekatalogs ist das Recht auf Teilnahme am kulturellen Leben und am wissenschaftlichen Fortschritt dargelegt ebenso wie das Urheberrecht. Der Staat solle dabei Wissenschaft und Kultur fördern und internationale Kontakte mehren (Art. 15).

Die nachfolgenden Artikel (Art.16-31) enthalten Bestimmungen über das Berichtprüfungsverfahren und die Ratifizierung des Paktes.

Genauso wie der *Zivilpakt* enthält der *Sozialpakt* weder ein Recht auf Eigentum, noch ein Asylrecht. Im Gegensatz zu ersterem sieht der *Sozialpakt* keine Individualbeschwerde vor. Zur Zeit arbeitet aber die Menschenrechtkommission an einem Fakultativprotokoll für den Sozialpakt, der auch ein wirksames Beschwerdeverfahren für die WSK-Rechte bringen soll. Vor allem Industriestaaten blockieren aber die Annahme dieses Fakultativprotokolls mit „fragwürdigen ideologischen Argumenten" (Nowak 2002: 97).

Nach Manfred Nowak sind seit der zweiten Hälfte des 20. Jahrhunderts drei Perioden der Menschenrechtarbeit und –entwicklung zu konstatieren. Die erste Periode ist die der Menschenrechtsförderung von 1945 bis 1968, in der die Gründung der UNO fällt. Die zweite ist als Periode der menschenrechtlichen Schutzmechanismen zu bezeichnen und fällt in die Zeit von 1968 bis 1993. Mit den 90er Jahren beginnt für Nowak die Zeit, in der die Thematik der Kollektiven Menschenrechte verstärkt auf der Agenda steht (vgl. Nowak 1993: 19 ff.). Vor allem der Zerfall kommunistischen Systems und das vorschnell verkündete „Ende der Geschichte" brachten neue Sichtweisen bezüglich der Menschenrechte. Die UNO wollte eine Bestandsaufnahme des Menschenrechtssytems und die Erneuerung der internationalen Bekenntnisse dazu. Die Gelegenheit war die *Zweite Weltkonferenz über Menschenrechte* 1993 in Wien.

Die Wiener Erklärung von 1993

Die *Zweite Weltkonferenz über Menschenrechte*, abgehalten in Wien vom 14. bis 25. Juni 1993, war eine wichtige Gelegenheit zur inhaltlichen Diskussion über internationale Menschenrechtsnormen. An ihr nahmen 171 Staaten mit 2100 RegierungsvertreterInnen und mehr als 813 NGOs mit über 3000 Mitgliedern teil (vgl. Thomsen 2001: 218).
Nach dem Ende des Kalten Krieges geriet vor allem der Nord-Süd-Konflikt mit der Debatte um die Universalität der Menschenrechte in den Vordergrund der internationalen Menschenrechtsdebatte. Gegensätzliche Standpunkte bezüglich der Bedeutung der drei Menschenrechtsdimensionen und ihrer inhaltlichen und rechtlichen Ausgestaltung zeigten, dass ein neues Bekenntnis zum internationalen Menschenrechtssystem nötig war.
In der abgeschlossenen *Wiener Erklärung* und ihrem Aktionsplan (*Vienna Declaration and Programme of Action adopted at the World Conference on Human Rights, A/CONF.157/24, 25. Juni 1993*) wurden wichtige Zielsetzungen und Vorstellungen bezüglich Menschenrechte bekräftigt. Im Abschlussdokument wurden zum ersten Mal alle drei Menschenrechtsgenerationen in Verbindung zueinander genannt (vgl. Köhne 1998: 23). Genauso wie die *Allgemeine Erklärung der Menschenrechte* von 1948 ist die Erklärung jedoch nicht rechtlich bindend.
Die Kernaussage der *Wiener Erklärung* lautet wie folgt:

„All human rights are universal, indivisible and interdependent and interrelated. ... it is the duty of States, regardless of their political, economic and cultural systems, to promote and protect all human rights and fundamental freedoms." (Vienna Declaration and Programme of Action, I Ziff. 5, zit. n. The United Nations 1995: 450)

Kulturelle und historische Unterschiedlichkeiten der einzelnen Staaten sollten nicht vergessen werden, sie dürfen jedoch nicht dazu dienen, etwaige Menschenrechte zu relativieren. Die Interdependenz und Unteilbarkeit der Menschenrechtsgenerationen wurde zwar ebenfalls feierlich bestätigt, dies kam aber nur durch einen Kompromiss zustande. Der Süden zog seine Einwände gegen den Universalismus zurück, wofür das Recht auf Entwicklung in der Erklärung aufgenommen wurde (vgl. Opitz 2002:135). Dabei dürfen „Entwicklungsrückstände" aber nicht für die Rechtfertigung einer Missachtung von Menschenrechten dienen (Art. 10 Vienna Declaration a.a.O.). Demokratie und Entwicklung werden als untrennbar voneinander gesehen. Die internationale Gemeinschaft solle dabei die weniger entwickelten Staaten unterstützen (Art. 9). Weiters wurden Ziele der internationalen Menschenrechtsarbeit für die nahe Zukunft festgelegt, über die im Menschenrechtsjahr 1998 Bilanz gezogen werden sollte. Der Menschenrechtsschutz bestimmter Themenfelder sollte in den folgenden Jahren ausgebaut werden. Die Rechte der Frau sollten durch die Verabschiedung eines Fakultativprotokolls der CEDAW und einer Sonderberichterstatterin über Gewalt gegen Frauen gestärkt werden und die Ratifizierung der *Konvention über die Rechte des Kindes* vorangetrieben werden. Die Rechte von indigenen Völkern wurden nochmals betont, ein Fakultativprotokoll für eine Individualbeschwerde im ICESCR in Aussicht gestellt ebenso wie die Errichtung eines *UN-Hochkommissariats für Menschenrechte* (s.unten). Die Einrichtung eines ständigen *Internationalen Strafgerichtshofes* geht ebenfalls auf diese Konferenz zurück. Ein wichtiger Punkt, vor allem in Bezug auf nichtstaatliche Menschenrechtsarbeit, war der Beschluss zu folgender Erklärung zum Schutz von MenschenrechtsaktivistInnen.

Die Human Rights Defenders-Erklärung

Die Rolle von MenschenrechtsaktivistInnen und NGOs im Bereich der Menschenrechtsarbeit ist von großer Wichtigkeit. In der UN-Charta ist bereits von einem Konsultativstatus von nichtstaatlichen Organisationen im Wirtschafts- und Sozialrat die Rede (Art.71), aber es sollte noch bis 1998 dauern, dass die UNO eine eigene Erklärung zu dieser Materie verabschiedete. Es ist die „*Erklärung über das Recht und die Verpflichtung von Einzelpersonen, Gruppen und Organen der Gesellschaft, die allgemein anerkannten Menschenrechte und Grundfreiheiten zu fördern und zu schützen.*"(GV-Res 53/144 vom 9. Dez. 1998; *Declaration on the Right and Responsibility of Individuals, Groups and Organs of Society to Promote and Protect Universally Recognized Human Rights and Fundamental Freedoms*, A/RES/53/144 vom 8 März 1999, in: URL: http://ods-dds-ny.un.org/doc/UNDOC/GEN/N9977089.pdf, [05.09.04])
In der Einleitung der Erklärung wird betont, dass die Hauptverantwortung bezüglich des Menschenrechtsschutzes immer noch bei den einzelnen Staaten liegt, was auch den Schutz von MenschenrechtsaktivistInnen einschließt. Die Verantwortlichkeit des Individuums bezüglich der Achtung der Menschenrechte ist aber der zentrale Punkt dieser Erklärung. Artikel 1 bringt diesen Gedanken zum Ausdruck:

„Everyone has the right, individually and in association with others, to promote and to strive for the protection and realization of human rights and fundamental freedoms at the national and international level." (Article 1, a.a.O, S.3)

Dieses Recht bezieht sich also sowohl auf das einzelne Individuum als auch auf Gruppen und Organisationen. Dabei kann der Wirkungsbereich sowohl national als auch international sein. Es ist nicht explizit von „MenschenrechtsaktivistInnen" die Rede, es sind generell Personen oder Gruppen gemeint, die sich für Menschenrechte einsetzen. So lassen sich beispielsweise auch Gewerkschaften mit einrechnen, die sich für die Arbeiterrechte eines bestimmten Landes einsetzen und auch eine internationale Organisation betreiben. In Artikel 5 und 6 werden die Bedingungen dieser Menschenrechtsarbeit genannt: friedliche Versammlungen, die Teilnahme an NGOs und die Zusammenarbeit mit diesen oder mit zwischenstaatlichen Organisationen; weiters freier Zugang zu Informationen bezüglich der Menschenrechtsthematik und deren Umsetzung durch den Staat, die Veröffentlichung von Stellungnahmen und Informationen zu Menschenrechten und die Möglichkeit der freien Öffentlichkeitsarbeit. Neben dieser relativ pragmatischen Menchenrechtsarbeit geht die Erklärung auch auf den Normbildungsprozess, also die inhaltliche Ausgestaltung der Menschenrechte ein:

Art.7 „Everyone has the right, individually and in association with others, to develop and discuss new human rights ideas and principles and to advocate their acceptance."(a.a.O., S.4)

Dieser Artikel spricht also sowohl dem einzelnen als auch Gruppen die Kompetenz zu, neue Menschenrechtsnormen zu entwickeln und sich für ihre Annahme einzusetzen. Dieser Gedanke zeigt, dass die internationalen Menschenrechtsdokumente keineswegs etwas Unveränderbares sind und dass über die inhaltliche Ausgestaltung der Menschenrechte diskutiert werden kann und soll. Allein das Recht zur Diskussion führt noch lange nicht zur schriftlichen Niederlegung eines möglichen Resultates. In der *Wiener Konferenz* 1993 hatten die NGOs Einfluss auf die Erklärung und der Konsultativstatus im ECOSOC ermöglicht die Mitarbeit an Überprüfungsverfahren, doch eine gesetzliche Fixierung von neuen Menschenrechtsforderungen ist zur Zeit nahezu unmöglich. Die UNO-Menschenrechtspakte gelten als ultimative Regelwerke, die weniger einer normativen Verbesserung bedürfen als vielmehr einer konsequenten Umsetzung. Trotzdem ist das Recht auf Diskussion und Einforderung neuer Menschenrechtsideen eine *conditio, sine qua non.* Das Diskussionsforum als eine Form der politischen Tätigkeit ist vor allem für die globalisierungskritische Bewegung von essentieller Bedeutung. Durch die Vernetzung von verschiedenen Organisationen auf der ganzen Welt und die

Medienpräsenz können Interessen an die Öffentlichkeit getragen werden. Die Bewegung des *Weltsozialforums* arbeitet genau mit diesem Prinzip (s. unten). Artikel 8 spricht über das Recht der politischen Partizipation und der Möglichkeit, Kritik und Verbesserungsvorschläge hinsichtlich des Menschenrechtsschutzes an die betreffende Regierung zu richten (a.a O.S.4f.). Im nächsten Artikel geht es um das Verfahren bei etwaigen Menschenrechtsverletzungen. Die betroffene Person hat das Recht, ihre Anliegen vor ein unabhängiges öffentliches Gericht zu bringen. Der Staat muss weiters von selbst eine Untersuchung einleiten, wenn er eine Menschenrechtsverletzung innerhalb seines Territoriums vermutet (Art.9). Er hat die Pflicht, die BewohnerInnen über die ihnen zustehenden Rechte zu informieren, öffentlichen Zugang zu den entsprechenden Dokumenten zu gewähren und Erziehungsarbeit in diesem Bereich zu leisten (Art. 14 u.15). Artikel 16 spricht von der Öffentlichkeitsarbeit, die von Individuen, NGOs und anderen relevanten Institutionen getätigt werden soll, um friedliche internationale Beziehungen zu fördern. Dabei solle aber der kulturelle Hintergrund der jeweiligen Gesellschaften berücksichtigt werden (a.a.O. S.7). Die Erklärung enthält also nicht nur Rechte für die Human Rights Defenders, es werden auch die Pflichten von Individuen und Organisationen bezüglich des Menschenrechtsschutzes eingefordert. Der Einsatz für Demokratie und Menschenrechte ist also nicht nur eine Sache des Staates, sondern auch der Bevölkerung und der Zivilgesellschaft.

Art. 18/3. „Individuals, groups, institutions and non-governmental organizations also have an important role and a responsibility in contributing, as appropriate, to the promotion of the right of everyone to a social and international order in which the rights and freedoms set forth in the Universal Declaration of Human Rights and other human rights instruments can be fully realized."(a.a.O.,S.7)

Dieser Artikel schließt an Art. 28 der AEMR über die bestmögliche internationale Ordnung an und setzt ihn in Verbindung mit den nicht-staatlichen AkteurInnen. Für die globalisierungskritische Bewegung sind diese Feststellungen eine Bestätigung ihrer Aktivitäten, die sich nicht nur auf den Menschenrechtsbereich beschränken. Die Kritik an neoliberaler Globalisierung verbindet sich mit dem Argument, dass eine gerechte soziale und internationale Ordnung als Grundlage für die Erfüllung von Menschenrechten nötig ist. Die 20 Artikel der *Human Rights Defenders-Erklärung* sind rechtlich nicht bindend, es wurde aber im Jahr 2000 eine eigene Sonderberichterstatterin (Sondervertreterin des UN-Generalsekretärs) für diese Thematik eingesetzt.

Exkurs: Die Menschenpflichten

Wenn von Rechten die Rede ist, so dürfen auf der anderen Seite Pflichten nicht vergessen werden, und zwar in erster Linie, als jedes Rechtssubjekt die Pflicht hat, die Rechte des anderen zu respektieren (vgl. Bielefeldt 1998: 164). Dieser Gedanke ist schon in der *Französischen Menschenrechtserklärung* zu finden. In verschiedenen Menschenrechtsdokumenten ist vor allem die Rede vor einer „Pflicht des einzelnen gegenüber der Gemeinschaft", doch manche Stimmen rufen nach einer umfassenden Katalogisierung von „Menschenpflichten". Sie sollen aus den passiv erscheinenden Menschenrechten aktive Handlungsaufforderungen machen.

Im November 1997 wurde eine „*Allgemeine Erklärung der Menschenpflichten*" von dem „*Inter Action Council*" veröffentlicht und dem UNO-Generalsekretär überreicht. Diesem Council gehören zahlreiche ehemalige hochrangige Staatspolitiker an wie Jimmy Carter und Valéry Giscard d'Estaing, Franz Vranitzky usw. Es hat sich 1983 gebildet, unter anderem mit dem Ziel, „universelle ethische Standards" bezüglich Wirtschaft und Politik durchzusetzen. (URL: http://www.interactioncouncil.org)

Die Erklärung soll die „Fundamentalen Prinzipien der Humanität" vermitteln, die Schlagworte sind mitunter „Gewaltlosigkeit und Achtung vor dem Leben", „Gerechtigkeit und Solidarität", „Wahrhaftigkeit und Toleranz" und „gegenseitige Achtung und Partnerschaft" (vgl. URL: http://www.interactioncouncil.org/udhr/declaration/de_udhr.doc [01.09.04]). Auch wenn die Initiatoren betonten, lediglich einen moralischen Appell ohne rechtliche Bindung ablegen zu wollen, so ist diese *Universal declaration of human responsibilities* doch relativ zahnlos. Sie bedient sich einer naiv anmutenden Diktion, wie in Artikel 3 ersichtlich:

> „Keine Person, keine Gruppe oder Organisation, kein Staat, keine Armee oder Polizei steht jenseits von Gut und Böse; sie alle unterstehen moralischen Maßstäben. Jeder Mensch hat die Pflicht, unter allen Umständen Gutes zu fördern und Böses zu meiden."(s.o.)

Diese Forderung lässt sich wohl eher mit dem erhobenen Zeigefinger eines Märchenerzählers in Verbindung bringen; mit den Gegebenheiten der Realität hat sie jedoch wenig zu tun. Allein die Begriffe von „Gut" und „Böse" stehen subjektiver Interpretation offen und lassen sich jederzeit ins Gegenteil verkehren. Auch der Appell, dass alle Menschen wahrhaftig handeln und reden sollen und nicht lügen dürfen (Art.12), zeigt eine Weltfremdheit, mit der sich ehemalige Staatsmänner nicht schmücken sollten. Die Absicht der Initiatoren war sicherlich eine sehr gute und idealistische, einen bleibenden Eindruck auf potentielle Menschenrechtsverletzer dürfte die Erklärung allerdings nicht hinterlassen.

Ein anderes Gremium legte dem Generalsekretär der UNESCO im Frühjahr 1999 ein „Erklärung von Menschenpflichten und Verantwortlichkeiten" vor (vgl.Opitz 2002: 68). Sie betont den unlösbaren Zusammenhang von Rechten und Pflichten.

Der Friedensforscher Galtung geht hier einen Schritt weiter. Er fordert die kollektive Pflicht für Nationen, Konflikte friedlich zu lösen oder die Pflicht jedes oder jeder einzelnen, sich im gegenseitigen Dialog mit kulturellen Inhalten und Identitäten mit Respekt auseinanderzusetzen. Er hat die Vision von einem Weltsystem, in dem die WeltbürgerInnen durch die „UN-Volksversammlung" vertreten werden. Eine Menschenpflicht wäre es dann, an deren Wahlen teilzunehmen (vgl. Galtung 2000: 13f.).

Menschenrechte lassen sich nicht eins zu eins in Menschenpflichten umwandeln, weil dies in vielen Fällen in einer Negierung der deklarierten Freiheiten enden würde. Eine Wahlpflicht ist politisch noch zu rechtfertigen, aber wie kann man eine „Pflicht zur Teilnahme am kulturellen Leben" oder eine „Pflicht zur Meinungsäußerung" deklarieren und mit der Menschenwürde begründen? Der einzig klare Zusammenhang zwischen Pflicht und Menschenrecht ist die verpflichtende Einhaltung der Menschenrechte.

3.6. Die drei Menschenrechtsgenerationen im Überblick

Bis dato lassen sich die Menschenrechte also in drei Generationen einteilen: die bürgerlich-politischen Rechte, die wirtschaftlich- sozial- kulturellen Rechte und die Solidaritätsrechte. Ich werde nun die wichtigsten Inhalte der Generationen nennen, dabei beziehe ich mich vor allem auf internationale Erklärungen wie die AEMR und die beiden Menschenrechtspakte (s.oben). In Betracht kommen sowohl Rechte, die bereits einklagbar sind, als auch Normen, die nur als Zielsetzung oder Forderungen existieren.

Die **erste Generation** der bürgerlich-politischen Rechte schließt ein: das Recht auf Leben; Recht auf Gleichheit; Recht auf persönliche Freiheit; Recht auf physische Integrität; Schutz der Privatsphäre; Recht auf Eigentum; Recht auf Freizügigkeit; Habeas Corpus-Rechte; Recht auf freie Meinungsäußerung und Informationsfreiheit; Gedanken- und Religionsfreiheit; Versammlungs- und Vereinsfreiheit; Recht auf politische Partizipation. Die Normadressaten dieser Rechte sind die Staaten, die Rechtsträger sind die Individuen bzw. die StaatsbürgerInnen. Diese Rechte der ersten Generation sind in den meisten staatlichen Grundrechtskatalogen enthalten und sind verbindliches Völkerrecht durch die Implementierung des *ICCPR*. Sie können von Einzelpersonen eingeklagt werden, insofern der jeweilige Staat das Zusatzprotokoll für Individualbeschwerdeverfahren ratifiziert hat.

Nun zur **zweiten Menschenrechtsgeneration**. Die wirtschaftlichen, sozialen und kulturellen Rechte setzen sich zusammen aus: dem Recht auf Sicherung der materiellen Grundbedürfnisse: Recht auf Nahrung, Kleidung, Wohnung; Recht auf Gesundheit; Recht auf Arbeit; Recht auf freie Berufswahl; Recht auf Bildung von Gewerkschaften; Streikrecht; Recht auf Freizeit; Recht auf soziale Absicherung; Recht auf Bildung; Recht auf Teilhabe am kulturellen Leben und an der Wissenschaft. Die Normadressaten sind wiederum die Staaten, die Träger die Individuen. Durch die Ratifizierung des *Sozialpaktes* haben sich die Staaten aber lediglich zu Zielbestimmungen bekannt, die es Schritt für Schritt umzusetzen gilt. Die WSK-Rechte können daher bis jetzt nicht individuell eingeklagt werden.

Die **dritte Generation** der Menschenrechte wird einerseits als *Solidaritätsrechte* bezeichnet und andererseits als *Kollektivrechte*. Diese Generation ist ein „Stiefkind" der völkerrechtlichen Verankerung. Wie schon ihre Bezeichnung zeigt, sind es Rechte, die vor allem im globalen Zusammenhang zu sehen sind, da sie nur durch internationale Anerkennung und Zusammenarbeit verwirklicht werden können.

Es sind dies: Das Recht auf Frieden; das Selbstbestimmungsrecht der Völker; das Recht auf Entwicklung; das Recht auf eine intakte Umwelt und das Recht auf eine soziale und internationale Ordnung, in der die Menschenrechte verwirklicht werden können.

Das Selbstbestimmungsrecht der Völker ist durch Art.1 der beiden Menschenrechtspakte völkerrechtlich verankert. Umweltrechte - wie das Recht auf Biodiversität oder die Erhaltung der Umwelt - können zwar auch zu den WSK-Rechten als materielle Grundlage des Lebens gezählt werden, ich verwende sie aber im globalen Zusammenhang unter der Problematik der weltweiten Umweltzerstörung.

Kollektivrechte beziehen sich auf den Menschen als Mitglied einer Gruppe. Die Adressaten dieser Rechte sind wiederum die Staaten, was in bestimmten Bereichen allerdings zu kurz greifen kann. Für Forderungen wie dem Recht auf intakte Umwelt sehe ich beispielsweise die Notwendigkeit, den Unternehmenssektor in die Pflicht zu nehmen. *Global Player* entziehen sich staatlichen Gesetzen, haben aber einen weltweiten Einflussbereich. In diesem Sinne wären Menschenrechtsverträge mit transnationalen Konzernen ein weiterer Schritt Richtung wirksamem Menschenrechtsschutz. Zwar gibt es bereits bestimmte Verhaltenkodices für Unternehmen, denen sie sich freiwillig verpflichten können, eine bindende Wirkung haben solche Initiativen wie z.B. der *UN Global Compact* jedoch nicht. Das offizielle Bekenntnis zu grundlegenden Werten wie Menschenrechte und Umweltschutz werden von der Wirtschaft oft als werbewirksame Alibihandlung genutzt (vgl. Baumann 2002: 187).

4. Die heutigen Menschenrechtsinstrumente - Überblick über Normen und Verfahren

4.1. Die Menschenrechtsinstrumente der UNO

Das heutige internationale Menschenrechtssystem setzt sich aus zahlreichen Verträgen, völkerrechtlichen Standards und Verfahren im Zuge internationaler Organisationen zusammen. Dabei spielen die *Vereinten Nationen* vor allem in Bezug auf die universelle Gültigkeit von Menschenrechten die bedeutendste Rolle. Mit der *International Bill of Human Rights* (bestehend aus AEMR, ICCPR, ICESCR) erfolgte die völkerrechtliche Normsetzung von Menschenrechten, und mit der Einrichtung von Menschenrechtsinstrumenten – bestehend aus UN-Verträgen und deren zuständigen Organe - ist eine möglichst weite internationale Kontrolle dieser Regeln möglich.

Wichtige Vertragswerke der UNO mit Menschenrechtsbezug - abgesehen der oben dargestellten ICCPR und ICESCR – sind die *Internationale Konvention über die Beseitigung aller Formen rassischer Diskriminierung (International Convention on the Elimination of All Forms of Racial Discrimination*, CERD, A/RES/2106 A (XX), vom 21. Dez. 1965), die *Konvention zur Beseitigung jeder Diskriminierung der Frau (Convention on the Elimination of All Forms of Discrimination against Women*, CEDAW, A/Res/34/180, vom 18. Dez. 1979), die *Konvention gegen Folter und andere grausame, unmenschliche oder erniedrigende Behandlung oder Strafe (Convention against Torture and Other Cruel, Inhuman or Degrading Treatment or Punishment*, CAT, A/RES/39/46, vom 10. Dez. 1984) und die *Konvention über die Rechte des Kindes (Convention on the Rights of the Child*, CRC, A/RES/44/25, vom 20. Nov.1989). Weiters ist die *Erklärung über das Recht auf Entwicklung (Declaration on the Right to Development*, A/RES/41/128, vom 4. Dez. 1986) zu nennen.

Für diese Konventionen gibt es jeweils zuständige Organe oder Sonderorganisationen der UNO, die für die Einhaltung und Durchführung der Bestimmungen sorgen. Für den Menschenrechtsbereich insgesamt ist der *Wirtschafts- und Sozialrat* ECOSOC zuständig. Ihm unterstellt ist die *Kommission über die Rechtsstellung der Frau* und die *Menschenrechtskommission*. Nach der Ausarbeitung der *International Bill of Human Fights* ist die Menschenrechtskommission eines der bedeutendsten Organe im Menschenrechtssystem der UNO. Sie hat 53 Mitgliedstaaten und tagt einmal jährlich in Genf. An diesem Treffen nehmen neben anderen IGOs auch zahlreiche Nicht-Regierungsorganisationen und MenschenrechtsaktivistInnen teil. Sie können dabei schriftliche Stellungnahmen zur Diskussion vorlegen und an der Erstellung von Resolutionstexten mitwirken (vgl. Nowak 2002:119f.). Lediglich im Falle eines „1503-Verfahrens" wird die Öffentlichkeit von der Diskussion ausgeschlossen. Dies ist ein sogenanntes vertrauliches Verfahren bezüglich Beschwerden über konkrete Menschenrechtsverletzungen, bei dem auch „Popularklagen" von NGOs geprüft werden.

Das *Hochkommissariat für Menschenrechte* (*UN High Commissioner for Human Rights* UNHCHR) wurde erst nach der Zweiten Weltkonferenz über Menschenrechte 1993 eingerichtet, war aber bereits lange Zeit eine Forderung von Staaten und NGOs. Das Hochkommissariat ist zuständig für das Menschenrechtsprogramm der UNO und hat somit eine Schlüsselfunktion inne. Zu seinen Aufgaben zählen das Entwickeln von „Präventionsmechanismen" und „Frühwarnsystemen" und die Organisation von „menschenrechtliche(r) Feldpräsenz" (Nowak 2002:149). Zu letzterem zählt die Entsendung von BeobachterInnen und SonderberichterstatterInnen in internationale Krisengebiete. Seit 2004 wird dieses Amt von der Kanadierin Louise Arbour besetzt.
Den *Sonderorganisationen* der UNO kommt ebenfalls eine Aufgabe im Bereich des Menschenrechtsschutzes zu. Eine dieser Organisationen, die *Internationale Arbeitsorganisation* ILO, ist im Bereich des Arbeitsrechtes tätig ist. Sie wurde 1919 im Rahmen des Versailler Friedensvertrages gegründet und hat zahlreiche Konventionen verabschiedet zu den vier Kernthemen: Vereinigungsfreiheit und Recht auf Kollektivverhandlungen, Beseitigung der Zwangsarbeit, tatsächliche Abschaffung der Kinderarbeit und Verbot der Diskriminierung in Beschäftigung und Beruf (vgl. Nowak 2002: 157).
Im Bereich von Bildung, Wissenschaft, Kultur und Kommunikation ist die UNESCO tätig. Sie wurde 1945 gegründet und spielt eine besondere Rolle im Bereich der Menschenrechtsbildung. Sie koordiniert den Rahmenaktionsplan von Dakar, der im April 2000 am Weltbildungsforum verabschiedet wurde. Er soll unentgeltliche und verpflichtende Grundschulbildung für alle verwirklichen. (vgl. Nowak 2002: 158).
Die *Weltgesundheitsorganisation (World Health Organization WHO)*, gegründet 1945, setzt sich für das Recht des Menschen auf Gesundheit ein. Sie führt Aufklärungskampagnen und Projekte in vielen Ländern der Welt durch.
Die *Ernährungs- und Landwirtschaftsorganisation (Food and Agriculture Organization, FAO)* wurde ebenfalls 1945 gegründet und zielt auf eine gerechtere Verteilung der Nahrungsmittel und auf Armutsbekämpfung ab. Sie ist dabei vor allem in der Entwicklungsarbeit tätig.
Der *Internationale Strafgerichtshof* (International Criminal Court ICC) hat im Jahr 2003 seine Tätigkeit in Den Haag aufgenommen. Das Rom-Statut haben bis Dezember 2002 84 Staaten ratifiziert (vgl. Le Monde Diplomatique 2003:43). Die USA haben ihren Beitritt kurz davor widerrufen und sich dafür eingesetzt,

dass ihre Staatsangehörigen nicht vor den ICC gebracht werden. Der *Internationale Strafgerichtshof* ist zuständig für völkerrechtliche Verbrechen wie Völkermord, Verbrechen gegen die Menschlichkeit und Kriegsverbrechen. Im Unterschied zum *Internationalen Gerichtshof,* der Tatbestände von Staaten verhandelt, behandelt der ICC Verbrechen von Einzelpersonen. (vgl. Nowak 2002: 319)

Zu den Menschenrechtsinstrumenten der UNO zählen auch folgende Überprüfungsverfahren, die in den Menschenrechtskonventionen festgelegt sind.

Das Berichtprüfungsverfahren

Dieses Überwachungsverfahren ist allein durch die Ratifikation von Konventionen für den Unterzeichnerstaat obligatorisch. Für manche Verträge ist die Berichtprüfung das einzige Kontrollverfahren. Der *Sozialpakt* sieht nur ein Berichtprüfungsverfahren vor, welches anfangs von einer Arbeitsgruppe des ECOSOC durchgeführt wurde. Erst 1985 wurde ein unabhängiger Ausschuss für WSK-Rechte eingesetzt (vgl. Nowak 1993: 30f.). Die *Konvention über die Beseitigung jeder Form der Diskriminierung der Frau* und die *Konvention über die Rechte des Kindes* haben ebenfalls das Berichtsprüfungsverfahren als einziges Überwachungsverfahren.

Die Berichtprüfung bedeutet, dass die Staaten ein bis zwei Jahre nach Inkrafttreten des Vertrages Erstberichte vorlegen und in regelmäßigen Abständen (zwei bis fünf Jahre) Folgeberichte. Sie sollen jene Maßnahmen auflisten, die der einzelne Staat zur Umsetzung des Vertrages getroffen hat, wobei auch mögliche Probleme bei der Vertragsimplementierung anzuführen sind. Die Länder sind dazu angehalten, nichtstaatliche Organisationen und die Zivilgesellschaft in die Berichterstellung einzubinden, um ein kritisches und möglichst objektives Ergebnis zu erzielen. Dies werde jedoch von den meisten Regierungen nicht berücksichtigt (vgl. Nowak 2002:111). Die Staatenberichte werden dann in einer öffentlichen Tagung geprüft, wobei auch Sonderorganisationen der UNO, wie zum Beispiel die ILO oder UNESCO, in die Prüfung miteinbezogen werden. Parallelberichte von NGOs werden ebenso zu Rate gezogen. Abschließend werden Bemerkungen und Empfehlungen (sog. *Concluding Observations*) an den jeweiligen Staat gemacht und in einem Jahresbericht veröffentlicht. Diese Empfehlungen sind von den betreffenden Staaten umzusetzen. Es gibt auch die Möglichkeit von *Dringlichkeitsberichten,* die Regierungen in einer bestimmten Frist abzulegen haben. Hier kommt den NGOs ebenfalls eine wichtige Überwachungsfunktion zu. Es können auch Allgemeine Bemerkungen und Empfehlungen *(General Comments/ General Recommendations)* durch die Ausschüsse gemacht werden, die nur bestimmte Bestimmungen bezüglich eines Vertrages betreffen (vgl. ebd.113 f.).

Die Staatenbeschwerde und die Individualbeschwerde

In einzelnen Konventionen ist auch die Möglichkeit von Staaten- und Individualbeschwerden festgelegt. Die *Europäische Menschenrechtskonvention* ist hier Vorreiterin. Im Gegensatz zum europäischen Fall ist die Staatenbeschwerde aber für die Vereinten Nationen ein eher seltenes Mittel, hier wird eher auf Sonderberichterstatter zurückgegriffen. Die Staatenbeschwerde ist in drei UN-Konventionen festgelegt; in der *Konvention über die Beseitigung aller Formen rassischer Diskriminierung CERD* (Art.11), im *ICCPR* (Art. 41) und in der *Konvention gegen Folter CAT*(Art. 21). Dabei können Staaten andere Vertragsstaaten auf eine Menschenrechtsverletzung hinweisen und nötigenfalls vor dem betreffenden Ausschuss Beschwerde einlegen. Bisher hat kein Staat im Rahmen der UNO von diesem Beschwerdeverfahren Gebrauch gemacht (vgl. Nowak 2002: 114). Die *Individualbeschwerde* war im Bereich der UNO immer umstritten (vgl. Nowak 1993: 31). Nach langen Debatten wurde sie in vier Menschenrechtsverträgen verankert; zuerst in der *CERD*, dann im Ersten Fakultativprotokoll zum *ICCPR,* in der *CAT* und im Fakultativprotokoll der CEDAW. Sie ist fakultativ, also nur wirksam für jene Vertragsstaaten, die sie ausdrücklich anerkennen. Die meiste Bedeutung im Bereich des Individualbeschwerdeverfahrens hat der *Menschenrechtsausschuss* der ICCPR. Die Entscheidungen des Menschenrechtsausschusses sind zwar nicht rechtlich bindend, seine Urteile haben aber eine wichtige Signalwirkung und beeinflussen das internationale Ansehen des beurteilten Staates. Für eine Individualbeschwerde muss vom Kläger/ der Klägerin zuerst der innerstaatliche Instanzenzug ausgeschöpft werden, erst dann kann die für die jeweilige Konvention zuständige Kommission angerufen werden. Die Verfahren sind dabei rein schriftlich. Seit dem Inkrafttreten des Ersten Fakultativprotokolls des ICCPR wurden 1100 Individualbeschwerden getätigt, von denen bis Juli 2002 393 Fälle entschieden wurden (vgl. Nowak 2002: 114). Vor den *Ausschuss gegen die Folter* wurden bisher ca. 200 Individualbeschwerden gebracht. Der *Rassendiskriminierungsausschuss* kann bis jetzt lediglich 20 Fälle aufweisen und vor dem *CEDAW-Ausschuss* wurden bis Juli 2002 keine Individualbeschwerden eingebracht, wobei aber die Dauer des innerstaatlichen Instanzenzuges mit einberechnet werden muss (vgl. Nowak 2002: 114). Seit der *Wiener Weltkonferenz* von 1993 ist ein Ratifizierungsschub bei UN-Menschenrechtsverträgen zu verzeichnen. Die Zahl der Vertragsstaaten der beiden Menschenrechtspakte ist zwischen 1993 und 1998 um jeweils rund 20 gestiegen, für die CEDAW-Konvention ist die Zahl der Ratifizierungen von 120 auf 161 gestiegen. Die *Konvention über die Rechte des Kindes* mit insgesamt 191 Vertragsstaaten kann als der erste völkerrechtliche Vertrag mit universeller Akzeptanz angesehen werden (vgl. Nowak 1998: 93). Die weltweite Anerkennung von Menschenrechtsnormen bedeutet aber nicht auch deren Umsetzung.

4.2. Regionale Menschenrechtskonventionen und -organisationen

Der Europarat und die Europäische Menschenrechtskonvention (EMRK)

Die Anfänge für einen europäischen Menschenrechtsschutz wurden schon 1948 gesetzt, als auf dem Europa-Kongress in Den Haag eine Kommission mit der Erarbeitung einer Menschenrechtscharta beauftragt wurde. Die Delegierten waren sich schon früh darüber einig, ein effizientes Kontrollorgan in Form eines Gerichtshofes einzurichten (vgl. Opitz 2002: 195). Als 1949 der *Europarat* gegründet wurde, wurde das Bekenntnis zu Menschenrechten im Gründungsstatut festgehalten. Es ist nicht nur die Rede von „der persönlichen Freiheit, der politischen Freiheit und der Herrschaft des Rechts"(Präambel, zit. n. Opitz 2002: 195) als Grundlage von Demokratie, sondern auch von der Pflicht jedes Mitgliedstaates, den Personen innerhalb seiner Herrschaftsgewalt Menschenrechte und Grundfreiheiten zukommen zu lassen (Art.3 Satzung des Europarates). Im Falle eines Verstoßes gegen Art.3 kann ein Mitglied aus dem Europarat ausgeschlossen werden. – Dies traf im Jahr 2000 Russland im Zuge des Tschetschenien-Konflikts (vgl. ebd.196).
Die *Europäische Konvention zum Schutze der Menschenrechte und Grundfreiheiten EMRK* wurde am 4. November 1950 von 13 Staaten unterzeichnet. Sie trat am 3. September 1953 nach der Ratifizierung durch zehn Staaten in Kraft und ist mittlerweile von 41 Mitgliedstaaten des Europarates ratifiziert worden (vgl. ebd.196). Sie enthält Menschenrechte der ersten Generation, so zum Beispiel das Recht auf Leben, Freiheit und Sicherheit, das Recht auf Privatleben, freie Meinungsäußerung etc. 1952 wurde mit dem ersten Zusatzprotokoll das Recht auf Eigentum und auf Bildung ergänzt. 1964 wurde im Protokoll Nr.4 das Recht auf Freizügigkeit und das Verbot von Ausweisung Staatsangehöriger und Kollektivausweisungen von AusländerInnen eingeführt. Einschränkungen der Freizügigkeit dürfen nur im Interesse der nationalen und öffentlichen Sicherheit erfolgen. (*Europäische Konvention zum Schutze der Menschenrechte und Grundfreiheiten, Erstes Zusatzprotokoll zur Europäischen Konvention zum Schutze der Menschenrechte und Grundfreiheiten vom 20. März*

1952, Protokoll Nr.4 zur EMRK vom 16. Sept. 1963, in: Heidelmeyer 1997 : 215-223).

Das 6. Zusatzprotokoll (ZP) von 1983 sieht die Abschaffung der Todesstrafe in Friedenszeiten vor, das 7. ZP von 1984 unter anderem die Gleichberechtigung der EhepartnerInnen, das 12. ZP von 2000 stellt ein erweitertes allgemeines Diskriminierungsverbot dar, und das 13. ZP von 2002 ist ein vollständiges Verbot der Todesstrafe in Friedens- und Krisenzeiten (vgl. Nowak 2002: 178). Die Verfahren der EMRK bestanden zuerst aus der obligatorischen Staatenbeschwerde und einer fakultativen Individualbeschwerde vor der *Europäischen Kommission für Menschenrechte*. Die Zuständigkeit des *Gerichtshof für Menschenrechte* war ebenfalls nur fakultativ. Erst mit dem 11. Zusatzprotokoll, das am 11. Januar 1998 in Kraft trat, wurde der *Europäische Gerichtshof für Menschenrechte* als ständige Einrichtung und eine obligatorische Individualbeschwerde eingeführt, die Menschenrechtskommission wurde aufgelöst. Die Verfahren sollten so beschleunigt werden und aus der politischen Einflusssphäre gelangen, indem das Ministerkomitee aus dem Entscheidungsverfahren ausgeschlossen wurde. Die Zahl der Individualbeschwerden ist seitdem gestiegen. Im Jahr 2000 wurden ca. 10.000 Fälle vor den Gerichtshof in Straßburg gebracht, es wurden knapp 700 Urteile verkündet (vgl. Nowak 2002: 182).

Die *Europäische Sozialcharta* (ESC) wurde am 18 .Oktober 1961 verabschiedet und trat am 26. Februar 1962 in Kraft. Sie enthält wirtschaftliche, soziale und kulturelle Rechte, ist aber wesentlich unverbindlicher gehalten als die EMRK. In Art. 20 wird festgehalten, dass die Vertragsstaaten sich aussuchen dürfen, welche Artikel sie für verbindlich anerkennen. Dabei sind mindestens fünf Artikel aus den Artikeln 1,5,6,12,13,16 und 19 zu wählen, insgesamt müssen aber mindestens zehn Artikel aus Teil II der Charta als bindend akzeptiert werden (Art. 20, Europäische Sozialcharta vom 18. Oktober 1961, zit. n. Heidelmeyer 1997: 233).

Artikel 1 ist das Recht auf Arbeit, Artikel 5 das Vereinigungsrecht, Art. 6 das Recht auf Kollektivverhandlungen, Art. 12 das Recht auf soziale Sicherheit, Art. 13 das Recht auf Fürsorge, Art.16 das Recht der Familie auf Schutz und Art. 19 das Recht der Wanderarbeiter und ihrer Familien auf Schutz. Das Recht des Kindes auf Schutz ist in Artikel 7 enthalten, das Recht auf Schutz der Gesundheit in Art.11 und das Recht von Behinderten auf soziale Integration in Art. 15. Im letzten Teil der Charta gibt es eine Notstandsklausel und typische Einschränkungsbestimmungen wie öffentliche Sicherheit etc. (vgl. ebd.).

In einem Zusatzprotokoll von 1988 wurde unter anderem das Recht auf Chancengleichheit und Gleichbehandlung von Mann und Frau in die ESC aufgenommen. Dieses zählt seit 1996 zu den Kernartikeln.

In dieser Revidierten ESC, die 1999 in Kraft getreten ist, wurde auch ein Recht auf Schutz vor Armut und sozialer Ausgrenzung eingefügt (vgl. Nowak 2002: 191). Für die Berichtprüfung ist der *Europäische Ausschuss für Soziale Rechte* verantwortlich. Eine Individualbeschwerde ist für die *Sozialcharta* nicht vorgesehen. In einem *Kollektivbeschwerdesystem* können NGOs, die zuvor in eine Liste aufgenommen wurden, und ArbeitnehmerInnen- und ArbeitgeberInnenorganisationen ihre Anliegen vor das Ministerkomitee bringen. Dieses Verfahren wurde allerdings erst von neun Staaten anerkannt (vgl. Nowak 2002:192).

Die allgemein skeptische Haltung der Staaten gegenüber Menschenrechten der zweiten Generation erkennt man auch daran, dass die EMRK bis zum Jahr 2002 44 Vertragsstaaten zählt und die Revidierte ESC bis dato nur vierzehn (vgl. ebd.).

Auch die *Europäische Union* EU setzt Tätigkeiten im Bereich von Menschenrechtspolitik. In bilateralen Verträge ist zum Beispiel eine sogenannte Menschenrechtsklausel seit 1995 vorgeschrieben. Im Falle von schweren Menschenrechtsverletzungen kann die EU Verträge aufkündigen. Seit 1999 wird regelmäßig ein *EU-Jahresbericht über Menschenrechte* vom Rat verabschiedet. Er informiert über entsprechende Aktionen im Rahmen der Außenpolitik. Die *Wiener Erklärung der EU* vom 10. Dezember 1998 (also der 50. Jahrestag der AEMR) sieht Maßnahmen zur Förderung von Menschenrechtsbildung, ein regelmäßiges Diskussionsforum mit akademischen Einrichtungen und NGOs zum Thema Menschenrechte, und die Stärkung dieser Thematik innerhalb der EU vor (vgl. Nowak 2002:266).

Eine *EU-Grundrechtecharta* vom 7. Dezember 2000 enthält bürgerliche, politische und WSK-Rechte, unter anderem auch ein Recht auf Asyl. Die einzelnen Paragraphen sind jedoch sehr kurz gehalten und die Charta ist rechtlich nicht bindend (http://www.europarl.eu.int/charter/pdf/text_de.pdf [05.09.2004]).

Die Organisation Amerikanischer Staaten

Am 2. Mai 1948 wurde die *Organisation Amerikanischer Staaten* (OAS) gegründet und gleichzeitig eine *Erklärung der Rechte und Pflichten* verkündet. Sie ist nicht völkerrechtlich bindend, enthält aber politische, wirtschaftliche, soziale und kulturelle Rechte ebenso wie Pflichten des Individuums gegenüber der Gesellschaft.

Am 22. November 1969 wurde dann die *Amerikanische Menschenrechtskonvention* AMRK angenommen. Sie zählt 25 Vertragsstaaten, wobei Kanada und die USA die Konvention bis heute nicht ratifiziert haben. Die dazu gehörigen Organe sind die *Inter-Amerikanische*

Menschenrechtskommission und der *Inter-Amerikanische Gerichtshof für Menschenrechte.* Der Schwerpunkt der AMRK liegt auf Menschenrechten der ersten Generation. Sie sieht die Möglichkeit eines Individual- und Staatenbeschwerdeverfahrens vor. 1988 wurde der AMRK ein Zusatzprotokoll mit wirtschaftlichen, sozialen und kulturellen Rechte beigefügt, die Zahl der Ratifikationen liegt jedoch nur bei zwölf Vertragsstaaten. (vgl. Nowak 2002:214)

Die Organisation der Afrikanischen Einheit

Die am 25. Mai 1963 gegründete *Organisation für Afrikanische Einheit* OAU verabschiedete am 27. Juni 1981 die *Afrikanische Charta der Rechte der Menschen und Völker,* genannt *Banjul-Charta.* In Anbetracht des historischen Kampfes gegen die Kolonialherrschaft wurde besonders das Selbstbestimmungsrecht der Völker betont. In Art. 20 ist das Recht „jeden Volkes auf Existenz und Selbstbestimmung" festgehalten, außerdem das Recht auf wirtschaftliche, soziale und kulturelle Entwicklung (Art.22) und das Recht auf „Recht und Frieden (Art.23). Im ersten Teil der Individualrechte ist auch das Recht auf Asyl zu finden (Art.12). In Artikel 15-18 finden sich das Recht auf Arbeit, auf Bildung und Beteiligung am kulturellen Leben. (zit. n. Opitz 2002:213)

Die Charta enthält außerdem Pflichten des Einzelnen gegenüber Familie, Staat und Gemeinschaft. Sie kennt keinen eigenen Gerichtshof, aber eine *Afrikanische Kommission für Menschenrechte und Rechte der Völker.* Neben der Staatenbeschwerde hat die Kommission auch die Möglichkeit, anderweitige Mitteilungen zu bearbeiten. Dies kommt also einem Individualbeschwerdeverfahren gleich. Der Handlungsspielraum der Kommission ist dabei aber relativ klein. (vgl. Opitz 2002:215)

Die Organisation für Sicherheit und Zusammenarbeit in Europa OSZE

Die *Konferenz für Sicherheit und Zusammenarbeit in Europa* wurde zur Zeit des Kalten Krieges zur blockübergreifenden Konfliktprävention zwischen westlichen Industriestaaten und den kommunistischen Ländern gegründet. Im Helsinki Prozess, der 1973 begann, wurden drei Themenbereiche, sogenannte „Körbe", festgelegt. Neben einem politisch-militärischen Korb und einem Wirtschaftskorb gibt es den humanitären Korb. Er sieht Zusammenarbeit im humanitären Bereich vor mit Bezug auf Menschenrechte. Zu den zehn Prinzipien für zwischenstaatliche Beziehungen zählt auch die Achtung von Menschenrechten und Grundfreiheiten, einschließlich Gedanken-, Gewissens-

und Religionsfreiheit (vgl. Nowak 2002:238). Vor allem für die kommunistischen Staaten hatte die Anerkennung dieser Grundsätze weit reichende Folgen. In der Schlussakte von Helsinki 1975 wurde die Veröffentlichung der Beschlüsse festgelegt, was zur Gründung von Bürgerrechtsbewegungen führte. Ein Beispiel ist das „Menschenrechtskomitee" in der Sowjetunion oder die Charta 77 in der ČSSR (vgl. Opitz 2002: 202). Am 21. November 1990 wurde die *Charta von Paris für ein Neues Europa* unterzeichnet. Sie verkündet das Ende des Kalten Krieges und bekräftigt die Prinzipien der europäischen politischen Ordnung; Demokratie, Rechtsstaatlichkeit und Menschenrechte. 1989 wurde die *Konferenz der Menschlichen Dimension* gegründet, die sich mit den Handlungsmöglichkeiten bei Menschenrechtsverletzungen beschäftigt. Neben bilateralen Verhandlungen gibt es auch die Möglichkeit einer „Notfallsmission" im Falle schwerwiegender Verstöße.

1994 wurde aus der KSZE die OSZE *(Organisation für Sicherheit und Zusammenarbeit in Europa)*. In Warschau wurde ein Büro für Menschenrechte (*Office for Democratic Institutions and Human Rights*) eingerichtet. Die OSZE ist allerdings nicht als Organisation im juristischen Sinn anzusehen, sondern als loser Verband von Staaten (vgl. Nowak 2002:245).

Islamische Menschenrechtsdokumente

Die *Organisation der Islamischen Konferenz* hat 1990 in Kairo die *Erklärung über Menschenrechte im Islam* verabschiedet. Sie basiert auf der *Allgemeinen Erklärung der Menschenrechte im Islam* von 1981, die vom *Islamischen Europäischen Rat* (einer Privatinstitution) entworfen worden war. Die einzelnen Artikel der Erklärung werden jeweils mit einem Zitat aus dem Koran oder aus der Überlieferung der Propheten belegt. Die 23 Artikel enthalten Rechte wie das Recht auf Freiheit, das Recht auf Gleichheit, das Eigentumsrecht usw., wie sie sich auch in der AEMR finden (vgl. Tibi 2003: 403ff.). Die Begründung dieser Menschenrechte liegt in diesem Fall aber im religiösen Glauben und nicht im Vernunftsprinzip.

Die spätere *Kairoer Erklärung* ist völkerrechtlich nicht bindend, enthält aber Menschenrechte aus den UN-Pakten und kollektive Rechte wie das Recht der Völker auf Selbstbestimmung gegen koloniale Unterdrückung oder auf eine saubere Umwelt. Alle Rechte werden aber der Islamischen *Schar'ia* untergeordnet (Art.24 und 25, vgl. Bielefeldt 2000: 93). Dieses nicht kodifizierte Rechtssystem beruht auf Interpretationen von islamischen Glaubensgrundsätzen und wird auch als Strafrecht in manchen islamischen Staaten eingesetzt. Hierbei findet auch die Körperstrafe Verwendung, wie zum Beispiel Amputationen oder die Steinigung von Ehebrecherinnen. Vor allem an dieser Stelle setzt die Kritik des Westens an, denn die *Schari'a* steht somit im Widerspruch zu grundlegenden Menschenrechten wie dem Recht auf physische Integrität oder der Religionsfreiheit.

Die aktuellste Erklärung zum Thema Menschenrechte und Islam ist die *Arabische Charta der Menschenrechte.* Sie wurde am 15. September 1994 von der 1945 gegründeten *Arabischen Liga* verkündet. Dieses Dokument sieht die Überprüfung von Staatenberichten vor, ist aber bis jetzt mangels Ratifizierungen noch nicht in Kraft getreten. Sie kann als direkte Antwort auf die *Wiener Erklärung* von 1993 gesehen werden, da der islamische Kulturaspekt dem westlichen Universalismus entgegengestellt wird (vgl. Nowak 2002: 270). Die Akzentuierung des religiösen Hintergrundes von Menschenrechten ist Teil der Universalismusdebatte und ist Teil der Kritik des Islam an westlich geprägten Menschenrechtsvorstellungen.

Die Asiatische Charta der Menschenrechte

In der Vorbereitungskonferenz zur *Zweiten Weltkonferenz für Menschenrechte 1993* legten Vertreter der asiatischen Staaten in der *Erklärung von Bangkok* ihre gemeinsame Position fest. Die Schwerpunkte lagen auf den Prinzipien der Nichteinmischung und des Selbstbestimmungsrechtes. Entwicklungshilfe dürfe nicht von der Einhaltung von Menschenrechten abhängig gemacht werden. Die Untrennbarkeit der drei Menschenrechtsgenerationen war ein weiterer wichtiger Punkt. Als Antwort auf den westlichen Universalismus wurde die Berücksichtigung kulturspezifischer Besonderheiten gefordert, wie zum Beispiel der Vorrang der Gemeinschaft vor dem Individuum. Die universelle Natur der Menschenrechte wird jedoch anerkannt (vgl. Opitz 2002: 221).

Im Dezember 1993 wurde von der *ASEAN Inter-Parlamentary Organisation* die *Erklärung von Kuala Lumpur* verabschiedet, und zwar von den Ländern Brunei, Malaysia, Philippinen und Singapore. Sie betont ein „ausgewogenes Verhältnis der Individualrechte und der Rechte der Gemeinschaft" (Art.1) und enthält Grundrechte und –pflichten von BürgerInnen und Staaten. Außerdem wird die Einrichtung eines regionalen Überwachungsorganes für Süd-Ostasien gefordert, was bislang nicht verwirklicht wurde (vgl. ebd. 220).

4.3. Nichtstaatliche Organisationen im Menschenrechtsschutz

Neben den genannten internationalen Organisationen spielen vor allem NGOs eine entscheidende Rolle in der Menschenrechtsarbeit. Ihre Bedeutung liegt einerseits in der Normenbildung von Menschenrechten und andererseits in der Überwachung ihrer Einhaltung. Als „nicht staatlich" formieren sich diese Organisationen aus der Zivilgesellschaft und gelten als unabhängig von staatlicher Einflussnahme. Sie können dabei als rein supranational gestaltete Organisationen agieren und/oder in regionalem Zusammenhang. Aus diesem Standpunkt heraus können sie die „Menschenrechtsfreundlichkeit" der Politik von Regierungen oder anderen politischen AkteurInnen und Global Player beurteilen und kritisieren. Öffentlichkeitsarbeit stellt dabei ein wichtiges Mittel dar, um Druck auf etwaige Menschenrechtsmissachter auszuüben. Vor allem *amnesty international* zeigt Menschenrechtsverletzungen auf der ganzen Welt auf und wird in der Öffentlichkeit als moralische Instanz gesehen. Dabei stützt sich die Organisation auf die Arbeit einzelner Ländergruppen, die genauer die Situation vor Ort beurteilen.

In den *Vereinten Nationen* haben bestimmte NGOs einen beratenden Status in Organen des ECOSOC. Das bedeutet, sie halten öffentliche Reden, geben schriftliche Stellungnahmen ab, und nehmen - im Zuge der Staatenberichtsverfahren des ICESCR – bei der Ausarbeitung von Resolutionen der Menschenrechtskommission teil. Im regionalen Menschenrechtsschutz kommen ihnen ähnliche Aufgaben zu, wie zum Beispiel die Mitwirkung bei der Einbringung von Beschwerden im *Individualbeschwerdeverfahren* der EMRK. (vgl. Nowak 2002: 274f.)

Neben den zahlreichen internationalen Menschenrechtsorganisationen wie *amnesty international* oder *Human Rights Watch*, gibt es auch NGOs, die sich auf bestimmte regionale oder thematische Problematiken im Menschenrechtsbereich konzentrieren. Das *Food First Information and Action Network* FIAN kämpft beispielsweise für das Recht auf Nahrung mit Bezug auf Entwicklungspolitik. Der thematische Bezug von Menschenrechten ist weit gefächert, und so ist die Vielfalt der agierenden NGOs relativ groß. Vor allem im Bereich der globalisierungskritischen Bewegung gibt es Vereinigungen und Organisationen, die mit dem Hintergrund der Menschenrechtsidee agieren (s.unten).

5. Aktuelle Problemlagen der Menschenrechtsthematik

Die Menschenrechte und ihr internationaler Schutz besitzen verschiedene Aspekte und Komponenten, die immer wieder Anlass zu Diskussionen geben. Es sind dies zu einem Fragen, die sich um die formelle Ausgestaltung der Normen drehen, wie zum Beispiel ihrem Rechtscharakter, den angesprochenen Adressaten und Trägern dieser Normen (vgl. Brieskorn 1997: 102 f.), und zum anderen die inhaltliche Ebene von Menschenrechten. Die weltweiten Entwicklungen, die in Zusammenhang mit der Globalisierung stehen, verlangen eine neue Herangehensweise an den Menschenrechtsbegriff. Immer mehr Dringlichkeit bekommt die Anerkennung von Solidaritäts- oder Kollektivrechten, wobei sich der Streitpunkt oft um die Vorrangigkeit einer der drei Menschenrechtsgenerationen dreht.

5.1. Die Gleichrangigkeit der drei Menschenrechtsgenerationen

Die Einteilung der Menschenrechte in drei Generationen wird noch heute sehr unterschiedlich bewertet. Zwar wurde in der *Wiener Erklärung* von 1993 die Unteilbarkeit der drei Generationen nochmals bestätigt, an praktischer Umsetzung dieses Bekenntnisses mangelt es jedoch. Noch immer stellen sich westliche Industrieländer gegen die rechtliche Gleichstellung der ersten und zweiten Generation, da die WSK-Rechte einen bedeutenden Leistungsanspruch an den Staat stellen. Auch die dritte Generation verlangt bei voller Konsequenz von den Industrieländern ein Umdenken vor allem im Bereich internationaler Wirtschaftspolitik.

Die Inhalte der ersten Menschenrechtsgeneration werden oft umschrieben mit abstrakten Begriffen wie „Freiheit" und „Gleichheit". Die Kritik an diesem Konzept von Menschenrechten zielt auf deren idealistischen Anspruch, der an der Realität vorbeigeht. Von Geburt an seien alle Menschen gleich, die realen sozialen und kulturellen Verhältnisse zeigen aber genau das Gegenteil. An dieser Stelle treten die VerfechterInnen der WSK-Rechte auf den Plan. Die zweite Generation gründet auf der Notwendigkeit, dass der Staat in bestimmten Lebensbereichen eingreifen muss, um den Menschen ein Leben in Würde ermöglichen zu können. Es genügt eben nicht, StaatsbürgerInnen Freiheiten zuzugestehen, wenn ihre Lebensbedingungen der Ausübung dieser Rechte entgegenstehen. Der Staat wird also dazu angehalten, für die materiellen und sozialen Bedingungen des Lebens zu sorgen und diese im nötigen Fall zu verbessern.

Die Forderungen, die der dritten Menschenrechtsgeneration zuzurechnen sind, dehnen den Begriff des Menschenrechtssubjekts auf das Kollektiv aus. Vor allem die Erfahrungen der Entkolonialisierung zeigen, dass das Recht eines Individuums in diesen konkreten Fällen nicht eingefordert werden kann. Das Selbstbestimmungsrecht der Völker war lange Zeit ein Streitpunkt in der internationalen Staatengemeinschaft. Bis heute fehlt eine genaue Definition des Begriffes „Volk" und in der *Wiener Erklärung* wird ein mögliche Sezession – also eine Loslösung aus einer souveränen Nation - aufgrund des Selbstbestimmungsrechts verurteilt.

Die Verkündung von universellen Menschenrechten ist, wie schon in der Präambel der AEMR steht, das Zugeständnis an ein Ideal, das es für die Zukunft zu verwirklichen gilt. Gerade im Menschenrechtsschutz zeigt sich die Schere zwischen Norm und Wirklichkeit. Die Implementierung von Menschenrechtspakten als verbindliches Völkerrecht konnte diese Schere nicht schließen. Vor allem die zweite Generation der Menschenrechte wird als schwer umsetzbar angesehen und deshalb als bloße Zielbestimmungen gehandhabt. Ebenso steht es um die dritte Generation. Die Bezeichnung dieser Menschenrechtsgeneration als Solidaritätsrechte zeigt schon den möglichen Grund des Widerstandes von Industrieländern. Wie schon das Recht auf Entwicklung fordert, sind die Länder der Welt dazu angehalten, durch internationale Zusammenarbeit das Ziel einer wirtschaftlichen, kulturellen, sozialen und politischen Entwicklung für alle Staaten zu erreichen. Für dieses Ziel müssten die reichen Industriestaaten ein Stück von ihrem „Kuchen" abgeben. Die fehlende Initiative dazu ist aber nicht das einzige Problem, sondern der Begriff „Entwicklung" selbst. Der Stand der Entwicklung eines Landes wird gemessen an international vergleichbaren Daten wie dem BSP, und die politische Entwicklung wird oft mit der Durchführung demokratischer Wahlen gleichgesetzt. Das *United Nations Development Programme* veröffentlicht regelmäßig im *Yearbook of Human Development* den Human Development Index HDI. Er soll die Lebensqualität messen mit Hilfe der Parameter „Lebenserwartung", „Bildung" und „Kaufkraft" (vgl. Galtung 2000:18f.). Die Lebenserwartung schließt dabei auch die Befriedigung der materiellen Grundbedürfnisse mit ein. Ein sehr hoher Index ist für Industriestaaten wie Kanada, Frankreich und die USA zu verbuchen, während im unteren Bereich vor allem Staaten in Afrika zu finden sind. Diese Tatsache führt zu dem Schluss, dass eine industrielle Entwicklung für die Länder der „Peripherie" gezwungenermaßen auch eine Steigerung der Lebensqualität der EinwohnerInnen bringen wird. Ein Kritikpunkt in diesem Zusammenhang ist die Definition von „Entwicklung". Wird sie als industrieller Modernisierungsprozess verstanden, so schließt sie kulturspezifische Aspekte aus. Selbst wenn sich der westliche Fortschrittsglaube bestätigen sollte, so besteht dabei noch immer das Problem der ungleichen Verteilung des

Reichtums. Nicht nur in klassischen Industriestaaten wird der Unterschied zwischen der oberen Einkommensklassen und der breiten Schicht an DurchschnittsverdienerInnen immer größer, eine Verbesserung der Wirtschaftskraft in den Entwicklungsländern führt selten zu einer Vergrößerung des Wohlstandes für die breite Bevölkerung. Das Recht auf Entwicklung ist also ein zweischneidiges Schwert, vor allem im Kontext des ökonomischen Weltsystems.

Nach wie vor sind die zweite und dritte Generation von Menschenrechten bei der Implementierung in nationales Recht gering geachtet, da die Staaten nur zu einer schrittweisen Verwirklichung der Rechte angehalten werden. Außerdem fehlt die Möglichkeit einer Individualbeschwerde für die Bevölkerung, wie es bei dem *Zivilpakt* schon der Fall ist. Noch schwerer zu überwachen sind Rechte der dritten Generation. Ein Recht auf Frieden oder eine saubere Umwelt lässt sich nur in internationaler Kooperation verwirklichen, falls das jemals möglich ist. Wie schon in Art. 28 der AEMR festgehalten, ist dafür eine internationale Ordnung nötig, in der sich diese Ansprüche auch umsetzen lassen.

5.2. Universalität versus Kulturrelativismus

Mit der *Allgemeinen Erklärung der Menschenrechte* 1948 wurde die Universalität von Menschenrechten erstmals festgeschrieben. - Ihre historischen Vorläufer sahen die deklarierten Menschenrechte an das männliche Bürgertum gebunden und richteten sich dementsprechend an die jeweiligen Staatsangehörigen. – Die Debatte um die universelle Gültigkeit existierte bereits Mitte des 20. Jahrhunderts. Die Gegner des Universalismuskonzepts argumentierten, dass eine Norm immer kulturell verwurzelt sei, weshalb eine weltweite Verbreitung dieser Norm, vor allem in Form von gesatztem Recht, illegitim und unmöglich wäre (vgl. Bielefeldt 1998: 12). Ein zweites Argument von Universalismusgegnern sehe ich im Schlagwort „westlicher Kulturimperialismus". Das Menschenrechtskonzept als Ausdruck des westlichen Individualismus ließe sich nicht auf Gesellschaften anwenden, für die gemeinschaftliche Werte wichtiger sind. In sogenannten Kollektivkulturen würde das Individuum als „Summe seiner sozialen Beziehungen"(Galtung 2000:80) definiert, weshalb die Betonung der persönlichen Freiheit den sozialen Zusammenhalt der Gesellschaft gefährden könne.

Ein Faktor, der die Anwendbarkeit universeller Menschenrechtsnormen beeinflusst, ist die Rolle weltweit unterschiedlicher Lebenskontexte, die nicht nur kulturspezifisch Differenzen mit sich bringen, sondern auch innerhalb einer Gesellschaft. Die Bedürfnisse eines Arbeiters könne man nicht gleichsetzen mit denen eines Unternehmers, folglich hätten bestimmte Rechte auch eine jeweils andere Auswirkung auf ihre TrägerInnen.

Die Philosophie der Aufklärung ist zwar ein typisch westliches Geschichtsgut, aber Menschenrechte haben sich seit dem 18. Jahrhundert sehr gewandelt, und es sind andere Aspekte für die Normsetzung im Menschenrechtssystem zu verzeichnen als die Forderungen der bürgerlichen Schicht nach Freiheitsrechten. Vor allem der Einfluss der sozialistischen Länder und der Prozess der Entkolonialisierung Ende des 20. Jahrhunderts hat den Begriff des Menschenrechtes stark erweitert. Von einem westlichen Konzept (in Bezug auf Norminhalte) kann mittlerweile also kaum noch die Rede sein.

Einen besonderen Stellenwert in dieser Diskussion nimmt die Bedeutung der Menschenrechte im Islam ein. Während in universellen Menschenrechtserklärungen der Naturrechtsgedanke und die Vernunft die Grundlagen der Menschenrechtsidee bilden, so beruht die islamische Menschenrechtsvorstellung auf dem Prinzip der Religion. Die Universalität wird somit aufgehoben, da nur der Kreis der Gläubigen angesprochen wird. Nicht das Menschsein an sich, sondern die religiöse Ausrichtung macht die Menschen zu Rechtsinhabern. Sowohl der religiöse Charakter als auch der eingeschränkte Adressatenkreis werden von Kritikern als Widerspruch zur grundlegenden Menschenrechtsidee gesehen.

Der Streit zwischen Universalismus und Kulturrelativismus wird oft auf dem Rücken der eigentlichen NutznießerInnen von Menschenrechten ausgetragen und verkommt zu politischem Kalkül. Das Recht auf freie Meinungsäußerung kann mit dem Argument der Kulturspezifität ebenso eingeschränkt werden, wie das Recht auf freie Berufswahl durch das Plädieren auf das Allgemeinwohl der Gesellschaft.

Eine Stärkung der dritten Generation der Menschenrechte würde kulturspezifischen Ansprüchen entgegenkommen genauso wie der universalistischen Seite, wobei konkrete Lebensbedingungen in die inhaltliche Gestaltung von Menschenrechten miteinbezogen werden müssen. Die Themenfelder für völkerrechtlich verbindliche Menschenrechtsnormen werden immer weiter, und die menschenrechtlichen Anliegen hängen mit regionalen Bedingungen zusammen. So ist das Recht auf Information im Internetzeitalter eine berechtigte Forderung. Afrikanische Fraueninitiativen kämpfen für die Möglichkeit, sich mit Hilfe des Internets zu organisieren und Erfahrungen auszutauschen (siehe zum Beispiel: *The Women of Uganda Network*: http://www.wougnet.org). Dabei stehen ihnen grundlegende materielle Schwierigkeiten im Weg wie die Versorgung mit Elektrizität. Die Stromwerke, die mit Entwicklungsgeldern errichtet wurden, produzieren für den Industriesektor und berücksichtigen nicht den Strombedarf der breiten Bevölkerung. Ein gegen den Staat einklagbares „Recht auf Information" könnte ein Teil der Lösung sein, wobei aber die beteiligten Wirtschaftsunternehmen genauso in die Pflicht genommen werden müssen.

Der entscheidende Punkt in Bezug auf universale Menschenrechte ist die Tatsache, dass die Würde des Menschen und die Achtung vor dem Leben und den Mitmenschen als moralische Grundwerte in sämtlichen Kulturen und Religionen zu finden sind und dies der Hauptbezugspunkt für die Menschenrechtsidee ist. Von diesem Standpunkt aus sollten spezifische Bezüge zu unterschiedlichen Lebensumständen gefunden werden, um die praktische Umsetzung von Menschenrechten zu ermöglichen.

Sowohl die Debatte um den Kulturrelativismus als auch der Streit um die Wichtigkeit der zweiten und dritten Menschenrechtsgeneration hängen zusammen mit dem Prozess der Globalisierung, der sich vor allem seit Ende des 20. Jahrhunderts beschleunigt hat. Dies bedeutet eine besondere Herausforderung für den Schutz von Menschenrechten. Durch die Veränderung von Lebensbedingungen auf der ganzen Welt treten Problemlagen auf, die eine neue Sicht auf die Menschenrechtsthematik verlangen. Ich werde im Folgenden meine Definition neoliberaler Globalisierung erläutern und dann einen Bogen spannen zur Globalisierungskritik des WSF und deren Bezug zu Menschenrechten.

6. Neoliberale Globalisierung und Global Players

6.1. Globalisierung als Universalisierung

Der Begriff der „Globalisierung" ist in den letzten Jahren zu einem Modewort avanciert, das scheinbar alle Probleme des Zeitgeschehens und deren Lösungen erklären kann. Globalisierung wird in Zusammenhang mit Wirtschaftswachstum genannt, mit der Gefährdung kultureller Identität, mit Umweltschutz oder Umweltzerstörung, internationaler Solidarität und grenzenlosen Kommunikationswegen. Für die einen ist mit dem Begriff eine Heilserwartung verknüpft, die eine Zukunft in Wohlstand und Demokratie für die ganze Welt verspricht, für die anderen ist es das „Unwort" des Jahrhunderts oder der Überbegriff für alle weltweiten Fehlentwicklungen. Ich bezeichne Globalisierung als einen historischen Prozess von internationaler Verflechtung und Verdichtung weltweiter Transaktionen und Beziehungen in kultureller, wirtschaftlicher und politischer Hinsicht. Dieser Prozess begann nicht erst Ende des 20. Jahrhunderts. Nach Immanuel Wallersteins *Weltsystemtheorie* ist im „langen 16. Jahrhundert" die Herausbildung des modernen Weltsystems zu verorten. Mit dem Einsetzen der Imperialismusbestrebungen europäischer Mächte war eine internationale Verdichtung von wirtschaftlichen, politischen und kulturellen Beziehungen verbunden. So entstand über die Jahrhunderte ein weltweites „soziales System", das im Spannungsfeld „widerstreitender Kräfte" steht. Das heißt es gibt verschiedene Gruppen, die das Weltsystem nach ihrem Willen umgestalten und zu ihrem Vorteil nutzen wollen (vgl. Wallerstein 1986: 517). Die wirtschaftliche Basis dieses Weltsystems bildet die kapitalistische Produktionsform. Die politische Dimension dieses Systems wird durch alternierende Vormachtstellungen geprägt. In den sogenannten Hegemoniezyklen dominiert jeweils eine politische Großmacht, die ihre Interessen in der Welt durchsetzt. So war beispielsweise Großbritannien in der Mitte des 19. Jahrhunderts der Hegemon im Weltsystem und die USA in der Mitte des 20. Jahrhunderts (vgl. Andreas Nölke 2003: 318; Wallerstein 2000: 253-263). Ob die Vereinigten Staaten von Amerika in der Gegenwart noch als Hegemon zu bezeichnen sind, bleibt eine Streitfrage. Der relevante Aspekt von Wallersteins These ist dass der Kapitalismus das ökonomische Weltsystem bildet und dabei von politischen Führungsmächten forciert wird. Dies trifft auch auf den heutigen Stand der Globalisierung zu. Die freie Marktwirtschaft hat sich nach Ende des Kalten Krieges weltweit durchgesetzt, wobei sie sich auf die Ideologie des Neoliberalismus stützt. Als widerstreitende Kräfte des

Weltsystems kann man in der Gegenwart also Verfechter des Neoliberalismus und GlobalisierungskritikerInnen sehen.

Ein bedeutender Aspekt des kapitalistischen Weltsystems ist die internationale Arbeitsteilung. Sie richtet sich nach dem Grundsatz, dass sich ein Land auf bestimmte Produktionsweisen oder Wirtschaftszweige spezialisiert um international wettbewerbsfähig zu sein. Die Chancen innerhalb dieses Systems sind dabei ungleich verteilt. So sind die meisten Entwicklungsländer von Rohstoffexporten abhängig, wobei sie sich auf die Handelsbedingungen der wirtschaftlich stärkeren Industrieländer einlassen müssen. Vor allem der Anbau von *Cash Crops* (für den Export bestimmte Lebensmittel) in Form von Monokulturen führt in Entwicklungsländern zu ökologischen und versorgungstechnischen Problemen. Die exportorientierte Landwirtschaft verdrängt die regionale Lebensmittelerzeugung und führt zu einer Unterversorgung der Bevölkerung. Diese muss ihre Bedürfnisse dann durch den Kauf von importierten Waren abdecken. Die Industrieländer hingegen nutzen ihre finanziellen Möglichkeiten und schützen ihre eigenen Produkte vor billiger ausländischer Konkurrenz, wie es zum Beispiel die USA durch die Subvention ihres Agrarsektors tut. Mit Aufkommen neoliberaler Ideologie ist die Freihandelsdoktrin zur obersten Priorität der Weltwirtschaft geworden. Die Selbstregulierungskraft des Marktes dürfe nicht durch gesetzliche Maßnahmen gestört werden. Durch Institutionen wie der Welthandelsorganisation (WTO) wird bewusst die Deregulierung der Wirtschaft vorangetrieben. Dies führt nicht nur zu einer Liberalisierung des Güterhandels, sondern auch zur Privatisierung öffentlicher Dienstleistungen (s.unten). Demnach soll ein Staat den öffentlichen Sektor wie das Gesundheitswesen oder öffentliche Verkehr dem freien Wettbewerb privater Unternehmer überlassen. Damit gibt der Staat einen wesentlichen Teil seiner Handlungskompetenzen aus der Hand und sozialstaatliche Errungenschaften wie die Gesundheitsversorgung werden dem freien Markt preisgegeben.

Der Globalisierungsprozess, der vor 500 Jahren begann, hat somit Ende des 20. Jahrhunderts eine neue Qualität bekommen. Die kapitalistische Wirtschaftsform hat sich nach Ende des Kalten Krieges nun endgültig zur *conditio sine qua non* emporgehoben, und die enorme technische Entwicklung der Kommunikationsmedien überwindet scheinbar alle räumlichen Distanzen. Seit dem Fall des Bretton-Woods-Systems Ende der 70er Jahre ist die Freihandelsdoktrin zur wirtschaftspolitischen Leitidee weltweiter Finanzpolitik geworden. Die Kapitalakkumulation wird noch immer mit dem Argument verbunden, dass wirtschaftlicher Fortschritt Wohlstand für die ganze Welt bedeutet. In Wirklichkeit ist die Schere zwischen Arm und Reich in den letzten Jahrzehnten weiter auseinandergegangen. Dies bestätigte der *Human Development Report* von 1999, der eine wachsende Ungleichheit nicht nur zwischen den Ländern, sondern auch innerhalb dieser sieht (vgl. Mander 2002:

20). Die weltweiten Veränderungen der letzten Zeit bringen neue Exklusionsmechanismen mit sich. Es ist wahr, dass die Kommunikation in Millisekunden den Menschen ungeahnte Möglichkeiten bietet, doch diese sind auf die reicheren Regionen dieser Erde beschränkt. In einem wirtschaftsstarken Land wie Österreich ist ein Internetanschluss pro Haushalt schon eine Selbstverständlichkeit, ebenso wie das persönliche Mobiltelefon. In Ländern Afrikas zählen Informationstechnologien zu Luxusgütern, da erstens die Kaufkraft der Bevölkerung zu gering ist und zweitens die passende Infrastruktur fehlt. So bleibt ein Großteil der Weltbevölkerung von der digitalen Kommunikation ausgeschlossen und ein neuer Exklusionsmechanismus ist entstanden. Der Zugang zu Informationen und Bildung bietet die Möglichkeit, Machtstrukturen zu durchschauen und seine eigenen Anliegen zu vertreten. Durch den informationstechnologischen Vorsprung reicher Industrieländer wird deren Machtpotential gegenüber wirtschaftsschwächeren Ländern festgeschrieben. Andererseits birgt das Internet ein gewisses Widerstandspotential für sozialen Protest durch die Möglichkeit internationaler Vernetzung von Protestbewegungen. Die strukturellen Veränderungen durch Globalisierung führen also nicht nur zu neuen Ungleichheiten, sondern können auch zur Bildung neuer demokratischen Partizipationsmöglichkeiten führen.
Ein entscheidender Aspekt von Globalisierung ist die *Universalisierung* von Normen und Wertvorstellungen westlicher Denkart. Der politische Anteil dieser Universalisierung besteht in der (theoretischen) internationalen Übereinkunft, dass Demokratie und Rechtsstaatlichkeit die Grundpfeiler jedes Staates bilden – wobei die Idee der Menschenrechte hier ebenfalls einzuordnen ist. Internationale Organisationen wie die Vereinten Nationen sind die Stützen dieser hegemonialen Prinzipien und mit Hilfe der zahlreichen UN-Organe werden diese auch politisch umgesetzt. Nicht selten aber wird unter dem Deckmantel der Demokratie Machtbestrebungen verschiedener Akteure nachgegangen. Nach dem Anschlag des 11. September 2001 ist ein geradezu defizitärer öffentlicher Gebrauch der Begriffe „Demokratie" und „Freiheit" zu beobachten. Der „Krieg gegen den Terror" unter Führung der USA hat es sich zur Aufgabe gemacht, die Bevölkerung in sogenannten „Schurkenstaaten" von ihrem Joch zu befreien. Dass dies in Form von völkerrechtswidrigen Angriffskriegen geschieht, zeigt eigentlich nur die wahren eigennützigen Interessen der „Gerechtigkeitskrieger", nämlich außen- und wirtschaftspolitisches Kalkül. Ehemals Verbündete wie die Taliban werden dann beseitigt, wenn sie nicht mehr von Nutzen sind. Außerdem sind US-Konzerne die ersten Profiteure, wenn es um den Wiederaufbau einer durch Krieg zerstörten Wirtschaft geht.
Sicherlich dürfen Menschenrechtsverletzungen, wie sie im Irak des Sadam Hussein stattfanden, nicht akzeptiert werden. Es kann allerdings nicht die Lösung des Problems sein, die Lebensgrundlage der Bevölkerung wegzubomben und Tausende tote Zivilisten als „kollateralen Kriegsschaden" hinzunehmen.

Und nicht ohne Grund wird von islamischen Staaten befürchtet, dass in Afghanistan und im Irak der Weg frei gemacht wurde für eine Amerikanisierung von Gesellschaft und Kultur. Die derzeitige kulturelle Universalisierung wird bestimmt durch die weltweite Hegemonie westlicher Werte. Sie entsteht durch den Modernisierungsdruck, der nicht nur mit der Durchsetzung des marktwirtschaftlichen Modells zusammenhängt, sondern auch mit kulturellen Bildern, die von Medien verbreitet werden. Vor allem die moderne Unterhaltungsindustrie propagiert einen westlichen Lebensstil, wie hier das Beispiel gängiger Hollywood-Produktionen zeigt:

„Es ist eine unglaublich aufregende Version des urbanen amerikanischen Traums mit dem Schwerpunkt auf Geschwindigkeit, Jugendlichkeit, extremer Sauberkeit, Schönheit, Mode und Konkurrenzfähigkeit. In diesem Bild dominiert der „Fortschritt": Der Mensch beherrscht die Natur, und technische Veränderungen werden vorbehaltlos gutgeheißen."(Norberg-Hodge 2002: 237)

Im Vergleich zur fortschrittlichen westlichen Kultur werden traditionelle Kulturen als rückständig empfunden, und das nicht nur von Außenstehenden, sondern auch von den Betroffenen selbst. Ein Leben in technischem und finanziellem Wohlstand scheint für den Großteil der Weltbevölkerung ein erstrebenswertes Ziel. Pop-Kultur und Fast-Food werden zu Synonymen freier Lebensgestaltung. Die negativen ökologischen, sozialen und psychischen Folgen dieser Lebenseinstellung werden unter den Teppich gekehrt.
Betrachtet man nun die Globalisierung unter dem Gesichtspunkt institutioneller Politik, so lässt sich sicherlich ein gewisser Souveränitätsverlust nationalstaatlicher Politik erkennen, auf jeden Fall aber eine Transformation. Internationale Organisationen und völkerrechtliche Abkommen sind ein wesentlicher Bestandteil der heutigen globalisierten Welt, und allein wirtschaftliche Global Players können die Politik einer ganzen Nation beeinflussen. Parlamente europäischer Staaten geben einen Teil ihrer Gesetzgebungskompetenz an die EU ab und die nationalstaatliche Wirtschaftspolitik wird von internationalen Abkommen bestimmt. Auch wenn oft von einer Denationalisierung von Politik gesprochen wird, so darf aber nicht vergessen werden, dass auf der regionalen Ebene eines Staates das vorbereitet und/oder umgesetzt wird, was auf internationaler Ebene beschlossen wird. Den Bezugsrahmen für all diese Entwicklungen bietet die Ideologie des Neoliberalismus. Indem sie zum hegemonialen Diskurs in Gesellschaften und Institutionen wird, bestimmt sie das Denken von Staatsmännern und –frauen und deren WählerInnen. Sie schlägt sich nicht nur in politischen Aussagen nieder, sondern auch in noch so banalen Alltagszusammenhängen.

6.2. Neoliberalismus als Ideologie

Der hegemonale Diskurs: „There is No Alternative"

Es gibt verschiedene theoretische Ansätze rund um den Begriff der neoliberalen Globalisierung. In Zusammenhang mit einem eng gefassten Politikverständnis kann sie als eine Dichotomie von Markt und Staat gesehen werden, wobei der Staat seine Kompetenzen an den globalen Markt verliert. Ich bevorzuge eine hegemonietheoretische Sichtweise. Sie interessiert sich für die Ideen und kollektiven Verhaltensmuster, die einer Ideologie zu einem gesellschaftlichen Konsens verhelfen. Hegemonie wird nach Gramsci als eine Vielzahl von Kompromissen verstanden, die die „Bandbreite als legitim anerkannter individueller und kollektiver Identitäten und Interessen"(Borg 2001: 75) absteckt. Soziale Gruppen und Diskurse, die sich außerhalb dieser Bandbreite bewegen, werden in der Öffentlichkeit marginalisiert. Dabei muss die gegen die Minderheit ausgeübte Gewalt auf dem Konsens der Mehrheit beruhen. Hegemonie entsteht nach Gramsci hauptsächlich in der Zivilgesellschaft (vgl. Borg 2001:79). Diese ist dabei keine von der Gesellschaft losgelöste Sphäre, sondern eine Struktur von alltäglichen Interaktionen, Meinungsäußerungen und Praxen, die mithelfen, individuelle und kollektive Interessen herauszubilden. Dabei gibt es einen Kampf zwischen den sozialen Kräften und die Herausbildung einer neuen Hegemonie. Neoliberale Globalisierung ist also keineswegs eine unabwendbare naturgesetzmäßige Entwicklung, sondern das Ergebnis eines hegemonialen Kampfes. Sie ist in diesem Sinne ein „Praxis-Wissen-Komplex", der von spezifischen sozialen Kräften getragen wird, soziales Handeln bestimmt und als „zivilgesellschaftlich sanktionierter Deutungs- und Bezugsrahmen" (Borg 2001:85) für die Austragung von politischen und sozialen Konflikten dient.

Indem Neoliberalismus zum hegemonialen Diskurs wird, findet er Eingang in die Denk- und Handlungsstrukturen der Menschen. Manche internalisieren diese gänzlich, andere Menschen entwickeln eine mehr oder weniger kritische Haltung. Letztere bringt aber nicht immer den nötigen Widerstand mit sich, denn die globalen Entwicklungen erscheinen oft als unabwendbare Naturgewalt, gegen die man als BürgerIn nichts ausrichten kann.

„Der Neoliberalismus zeigt sich uns schließlich im Schein der *Unausweichlichkeit.*" (Bourdieu 1998: 40). Bereits mit dem Thatcherismus der 1980er Jahre fand das Schlagwort TINA -„There Is No Alternative"- Einzug in das öffentliche Bewusstsein, anfangs nur in Großbritannien, später weltweit. Und hier lässt sich schon die Quintessenz neoliberalen Denkens erkennen. Es handelt sich um eine Ideologie, die gleichzeitig das Ende aller Ideologien und sogar das „Ende der Geschichte" verkündet. Sie schafft das Bild einer zwangsläufigen globalen Entwicklung, zu der es keine Alternative gibt. Nach Ende der Blockkonfrontation wurde das Scheitern des Realsozialismus mit dem Scheitern der „Großen Ideen" gleichgesetzt, wobei der ideologische Charakter der neoliberalen Weltanschauung schlichtweg negiert wurde. Da die Ideologie des Kommunismus ihren eigenen Untergang produzierte, ist eine Ideologie des Kapitalismus scheinbar nicht mehr nötig. Das Konzept der freien Marktwirtschaft ist zu einer Selbstverständlichkeit geworden, die keiner intellektuellen Rechtfertigung mehr bedarf. Wie eine Naturgesetzlichkeit bringt die Globalisierung neoliberale Politik in alle Länder der Erde, und wer nicht bereit ist, den „Fortschritt" in sein Land zu lassen, wird als außerhalb der Welt- und Wertegemeinschaft betrachtet. Die Vermehrung des Kapitals, Wirtschaftswachstum, „Nulldefizit", der „schlanke" Staat, die Kosten-Nutzen-Rechnung, die Selbstregulierung der Märkte; diese Schlagworte gehören zu den „Beschwörungsformeln" einer Weltvorstellung, die Naturgesetzen zu folgen scheint. Die Idee des unausweichlichen Fortschritts ist so alt wie der Kapitalismus selbst, doch Ende des 20. Jahrhunderts hat sich in der monetaristischen Denkart die These der Deregulierung durchgesetzt. Ein Eingreifen in das wirtschaftliche Geschehen von Seiten des Staates gilt als rückständig und schädlich für den wirtschaftlichen Fortschritt. Der Markt reguliert sich selbst, wobei staatliche Interventionen als eine Verzerrung des Wettbewerbs angesehen werden. Das bedeutet aber nicht zwangsläufig, dass der Staat und die Politik in der Zeit neoliberaler Globalisierung ausgedient hätten. Deren Aufgabe besteht vielmehr darin, den hegemonialen Diskurs aufrecht zu erhalten. So erzeugt neoliberales Denken seine eigene Realität wie eine *self-fulfilling prophecy*:

„Zunächst identifizieren Politiker, Publizisten und medienpräsente Intellektuelle – unter Verweis auf Projektionen, die Entwicklungsannahmen quantifizieren und/oder gegebene Daten hochrechnen – gesellschaftliche Entwicklungen als interessenfreie, quasi-natürliche Phänomene. Danach wird den zuvor identifizierten „Trends", die genau genommen eher Annahmen über ein (sic!) zukünftige Entwicklung sind, durch politische Entscheidungen zum Durchbruch verholfen." (Mahnkopf 2001: 93)

Als ein Beispiel wäre hier das Modell der Privaten Pensionsfürsorge zu nennen. Nachdem die Zukunftsaussicht eines zahlungsunfähigen Staates entworfen und in der Öffentlichkeit lang und breit propagiert wurde, steigt in der Bevölkerung die Nachfrage nach einer privaten Absicherung, was der offiziellen Politik wiederum die Rechtfertigung bietet, die Notwendigkeit einer staatlichen Pensionsfürsorge gänzlich in Abfrage zu stellen.

Ökonomisierung und konservative Werte

Inhaltlich betrachtet kann die Ideologie des Neoliberalismus – um mit den Worten Bourdieus zu sprechen – als eine in „ökonomische Rationalisierungen gekleidete Wiederholung der maßgebenden Vorurteile eines allezeit und allerorts zutiefst konservativen Denkens" bezeichnet werden (Bourdieu 1998: 39). Das beschreibt die zentralen Punkte, die in dieser Ideologie in einer speziellen Verbindung zum Ausdruck kommen; es sind dies die Schlagworte *Ökonomie, Rationalisierung* und *Konservativismus*.

Unter Ökonomisierung verstehe ich die Unterwerfung aller Lebensbereiche unter die Logik des freien Marktes. Politische Entscheidungen werden in Hinsicht auf ihre Wirtschaftlichkeit getroffen und Begriffe wie „Sachzwang" und „Standortsicherung" fungieren als Totschlagargumente gegen weitergehende politische Diskussionen. Die Kosten-Nutzen-Rechung wird dabei zur letztmöglichen rationalen Begründung gemacht. Der Begriff der Rationalisierung zeigt deutlich diesen Mechanismus. Abgeleitet vom Vernunftgedanken meint er unter anderem die „Verschlankung" eines Betriebes zwecks wirtschaftlicher Effizienz und bedeutet nichts anderes als Massenentlassungen. Das Ziel des effektiven Wirtschaftens wird vor die sozialen Belange der Arbeiterschaft gestellt. Sozialpolitik, die „unwirtschaftlichen" Gesichtspunkten folgt, wird als irrational abgestempelt. Budgetkonsolidierung und Nulldefizit sind die großen politischen Leitlinien der Gegenwart. Selbst progressiv eingestellte Parteien folgen der Logik, dass sie ihre politische Agenda am Gradmesser der wirtschaftlichen Effizienz und Durchführbarkeit messen müssen, wollen sie nicht als völlig weltfremd abgestempelt werden.

Konservativismus ist dabei ein wichtiger Punkt für die Durchführbarkeit neoliberaler Ideologie. Wenn auf der einen Seite demokratische Werte wie Solidarität und Umverteilung als nichtig erklärt werden, so muss dieses Vakuum mit neuen, in diesem Fall alten Werten gefüllt werden. Die wieder entdeckte Religiosität vieler Politiker wird von der Öffentlichkeit wieder goutiert, ebenso wie deren Familienbezogenheit. Wenn der soziale Rückhalt einer Gesellschaft nicht mehr vorhanden ist, fungiert die Familie als Auffangnetz in allen Problemlagen.

Privatisierung und Individualisierung

Eine Konsequenz neoliberaler Logik ist die „Privatisierung gesellschaftlicher Risiken" (Bourdieu 1998: 46). Kollektive Problemlösungen der Politik werden aufgegeben zugunsten individueller Eigenverantwortung. Das Individuum selbst gilt als erster und letzter Parameter für alle Lebensfragen. Wenn eine zweifache

Mutter nicht imstande ist, die Doppelbelastung von Beruf und Familie zu tragen, so liegt das an ihrer persönlichen Konstitution und Interessenslage und nicht an Geschlechterdiskriminierung oder fehlgeleiteter Sozialpolitik – so der Tenor neoliberaler Denkart. Das soziale Risiko wird individualisiert, denn von Geburt an sind alle Menschen gleich und genießen dieselbe „Chancengleichheit". Wie ein Produkt auf dem Markt muss sich der Mensch dem freien Spiel der Kräfte überlassen und das Beste daraus machen. Dieser Sozialdarwinismus folgt dem Konkurrenz- und Leistungsprinzip und soll die „Sozialschmarotzer" von den motivierten leistungswilligen Individuen trennen. Erstere haben dann lediglich mit einer Fürsorgeleistung des Staates zu rechnen, nicht jedoch mit einer berechtigten sozialen Absicherung. Ein Beispiel ist die Arbeitslosenunterstützung, die immer mehr Restriktionen unterworfen wird. So wird der Wohlfahrtsstaat zu einem überholten Modell, das wirtschaftlich gesehen nicht länger tragbar ist. Soziale Gerechtigkeit ist kein „politischer Zielwert" mehr und wird durch Handlungsimperative wie „Fairness" des einzelnen ersetzt (Kreisky 2001:81). Dabei sind es vor allem die VerliererInnen des Systems, die so ruhig gehalten werden sollen.

Staatliche Regulierungen stören den natürlichen Wettbewerb zwischen Individuen und Marktkräften, so die neoliberale Argumentation. Dies lässt sich beispielsweise an der Thematik der Quotenregelung verdeutlichen. Die derzeitige österreichische Regierung rühmt sich ihres hohen Frauenanteils, und verfolgt man die Aussagen der Ministerinnen, so sind sie stolz, keine „Quotenfrauen" zu sein. Dabei ist die gesteuerte Erhöhung des Frauenanteils eine politische Errungenschaft der Frauenbewegung vergangener Jahrzehnte und ein demokratisches Mittel, um die Geschlechterrelationen in der Politik denen der Wirklichkeit anzupassen. Als Vorzeigefrauen bringen die „Nicht-Quoten-Frauen" von Schwarz-Blau den scheinbaren Beweis, dass emanzipatorische Frauenpolitik nicht mehr nötig ist. Es ist offensichtlich, dass in einer konservativen und neoliberal ausgerichteten Partei eine feministische Haltung für Frauen nur hinderlich für die Karriere ist. Stattdessen wird das Bild einer Superfrau modelliert, die ohne Probleme mit der Doppelbelastung von Familie und Karriere zu Recht kommt. Ihren Erfolg kann sie allein ihrem eigenen Fleiß und Durchhaltevermögen verbuchen und nicht sozialstaatlicher Einflussnahme. Die Konsequenz eines derartigen Diskurses ist, dass soziale Problemlagen privatisiert oder individualisiert werden, weil sie scheinbar aus persönlichen Dispositionen und Einzelschicksalen heraus entstehen.

In diesem Zusammenhang ist es nicht verwunderlich, wenn der Begriff „Freiheit" geradezu inflationär als ein Grundprinzip der westlichen Gesellschaft hochgehalten wird. Es gibt die (negative) Freiheit von etwas, und die (positive) Freiheit etwas tun zu können. Vor allem in der ersten Generation der Menschenrechte ist die Freiheit als zentrale Legitimation angeführt; als Schutz vor der Willkür des Staates und als Freiheit zur individuellen Lebensgestaltung.

Diese Gedankengänge können dazu führen, jegliches staatliche Eingreifen als Beschränkung der individuellen Freiheit zu sehen und schließlich Sozialpolitik und das Solidaritätsprinzip als einen Verstoß gegen die Freiheit von Besitzenden zu verdammen. Die neoliberalen Ideologen bedienen sich eben dieser Philosophie. Dem Besitzenden steht es frei, sein Kapital nach Belieben einzusetzen. Den Eltern steht es frei, ihre Kinder auf die Universität zu schicken oder nicht. Dass die Rahmenbedingungen einen entscheidenden Einfluss auf die Wahl der Betroffenen haben, wird dabei ausgeklammert. Ein Unternehmer hat das Recht, seine Angestellten zu entlassen, um das Unternehmen zu „verschlanken" ebenso wie es den Eltern freisteht, einen Kredit aufzunehmen, um die Studiengebühren des Kindes zu zahlen. Die Gesellschaft soll nach dem Prinzip der Leistungskonkurrenz umgestaltet werden. Der Wettbewerb findet dann nicht mehr nur zwischen Wirtschaftsunternehmen statt, sondern auch zwischen den Menschen selbst (vgl. Butterwegge 2001: 35). Diese sozialdarwinistische Sichtweise macht Sozialpolitik scheinbar genauso obsolet wie Forderungen nach wirtschaftlichen und sozialen Menschenrechten.

Deregulierung und Informalisierung von Politik

Zu den neoliberalen Deregulierungstendenzen gehört auch die *Informalisierung* von Politik. Politische Entscheidungsmacht wird nicht länger nur von demokratisch legitimierten Institutionen unter festgelegten Regeln ausgeübt, sie verlagert sich in halb-offizielle Verhandlungsnetzwerke verschiedenster Akteure. Vor allem transnationale Konzerne nehmen Einfluss auf Beschlüsse internationaler Organisationen wie der WTO (*World Trade Organization*) oder *Weltbank*. Zwar setzen sich diese Institutionen aus VertreterInnen der Mitgliedsländer zusammen (s.unten), in den Verhandlungsrunden spielen aber private Unternehmen als Teil der globalen Wirtschaftsmacht eine entscheidende Rolle. Sei verfolgen ihren Eigennutz, der sich an Profitsteigerung orientiert. Die Positionen, die bestimmte Länder in WTO-Verhandlungen einnehmen, sollten in Zusammenhang mit der dahinter stehenden Wirtschaftslobby gesehen werden und nicht mit dem politischen Willen eines Volkes. Vor allem US-Multis haben im Bereich der Agrarpolitik der USA einen entscheidenden Einfluss. Diese wirtschaftlichen Entscheidungen ziehen in ihrer Umsetzung weltweite politische und soziale Konsequenzen nach sich, wie am Beispiel der Strukturanpassungsmaßnahmen ersichtlich (s.unten).

Informelle Politik als Teil neoliberaler Deregulierung und Flexibilisierung dient dem Eigennutzen der Agierenden und muss sich nicht an demokratisch festgelegte Normen halten. Die Diskussion politischer Themen findet unter Ausschluss der Öffentlichkeit statt, die Entscheidungen werden hinter verschlossenen Türen getroffen. Ein typisches Beispiel dafür ist das MAI

(*Multilateral Agreement on Investment*). Dieses wurde jahrelang in OECD-Kreisen (*Organisation for Economic Cooperation and Development*) verhandelt und vorbereitet, und sollte die Interessen von Investoren über die nationalstaatliche Gesetzgebung stellen. Als dieses Vorhaben schließlich an die Öffentlichkeit drang, kam es zu empörten Protesten und das MAI wurde vorerst auf Eis gelegt (vgl. Tüchler 2001:150). Der Punkt dabei ist, dass wichtige politische Vorhaben, die auf die Gesetzgebungskompetenz eines Staates und somit auf dessen demokratische Befugnisse eingreifen, jenseits öffentlicher Diskussion abgehandelt werden, und somit das demokratische Prinzip der Volkssouveränität per se in Frage gestellt wird.

All diese genannten Gesichtspunke neoliberaler Ideologie laufen auf eine Entsolidarisierung von gesellschaftlichen Zusammenhängen hinaus. Wenn die Eigenverantwortung des Individuums zu einem kategorischen Imperativ wird, so werden eine Ressourcenverteilung durch den Staat und andere sozialpolitische Maßnahmen obsolet. Die „Sozialschmarotzer-Debatte" in vielen reichen Industriestaaten zeigt, dass soziale Bedürftigkeit zu einem Stigma geworden ist und wie schlechtes Karma wirkt, dem man nur durch eigenem Antrieb entkommen kann. Eine solche Denkart kann nicht folgenlos für das Menschenrechtssystem bleiben. Vor allem wirtschaftliche und soziale Menschenrechte laufen so Gefahr, zu veraltetem Gedankengut erklärt zu werden. Kollektive Lösungsansätze, die auf dem Solidaritätsprinzip beruhen, stehen nicht auf der Agenda neoliberaler Ideologie. Genauso wie der Freihandel bedürfen auch moralische Werte keiner regulierenden Instanz. Es genügt schon das Propagieren bestimmter Werte wie familiärer Zusammenhalt oder nationale Identität um dafür zu sorgen, dass die Menschen sich gegenseitig achten, so ein möglicher Argumentationsstrang.

Allein durch seine inhaltliche Ausgestaltung stellt das Konzept des Neoliberalismus eine Gefahr für effektive internationale Menschenrechtspolitik dar.

Neben dem hegemonialen Diskurs ist die konkrete Umsetzung neoliberaler Politik ein bestimmender Faktor im internationalen System. Bestimmte globale Akteure, sogenannte Global Players, die neoliberales Gedankengut zu ihren Triebfedern gemacht haben, stellen in diesem Sinne eine mögliche entscheidende Variable in der internationalen Menschenrechtspolitik dar. Es sind dies Institutionen, die augenscheinlich im Bereich der Wirtschaft tätig sind, doch bei näherer Betrachtung ist ihre Einflussnahme auf die Weltpolitik enorm. Mithilfe wirtschaftspolitischer Argumente forcieren sie eine globale Entwicklung, die Profitsteigerung für die bereits Reichen bringt, wobei sie sich gleichzeitig von jeglicher sozialer Verantwortung freisprechen.

6.3. Internationale Akteure

Die Welthandelsorganisation

Die WTO (*World Trade Organisation*) hat das Gründungsdatum 1. Jänner 1995 und geht auf das internationale GATT-Abkommen (*General Agreement on Tariffs and Trade*) zurück. Dieses *Allgemeine Zoll- und Handelsabkommen* von 1948 hatte sich die Liberalisierung des Welthandels durch den Abbau von Zöllen und anderen Handelshemmnissen zur Aufgabe gemacht. Im Zuge des GATT gab es verschiedene Verhandlungsrunden über neue Themenfelder dieser Handelsliberalisierung. In der *Uruguay-Runde* (1986-1994) wurde der Interessensbereich erweitert auf den internationalen Dienstleistungshandel und gleichzeitig Regelungen für den Handel von „geistigem Eigentum" in Aussicht gestellt. In dieser Zeit entstand die Idee von der Gründung einer *Welthandelsorganisation*. Nach der Ratifikation der Schlussakte der Uruguay-Runde konnte die WTO als völkerrechtlich anerkannte internationale Organisation (Sonderorganisation der UNO) 1995 ihre Arbeit beginnen und ist als Nachfolgerin des GATT zu betrachten (vgl. Tietje 2000: IX f.).

Das oberste Organ der WTO ist die *Ministerkonferenz*. Sie ist das „politische Leitorgan" und tritt mindestens alle zwei Jahre zusammen und besteht aus VertreterInnen aller 147 Mitgliedstaaten. Sie kann verbindliche Beschlüsse für die Rechtsordnung der WTO fassen. Die Ministerkonferenzen werden von den Medien mit großem Interesse verfolgt, da deren Beschlüsse von großer Tragweite sind (s.unten).

Der *Allgemeine Rat* setzt sich aus VertreterInnen aller Mitgliedstaaten zusammen und tagt monatlich. Er dient als Streitbeilegungsorgan und überprüft die Handelspolitik. Für die drei Hauptabkommen der WTO, dem Übereinkommen über den Warenhandel GATT , über Dienstleistungen (GATS *General Agreement on Trade in Services*) und über die Rechte des geistigen Eigentums (TRIPS *Trade in Intellectual Property Right*) gibt es jeweils ein Hauptorgan. Ihnen stehen Arbeitsgruppen und Unterorgane zu Verfügung, die beispielsweise die Verträglichkeit von WTO-Recht mit anderen völkerrechtlichen Bestimmungen wie Umweltrecht überprüfen (vgl. ebd.XIII f.).

Von großer Bedeutung und weitreichenden Folgen ist das *Streitbeilegungsverfahren* der Organisation. Hier können Gesetze eines Landes von Unternehmern oder Staaten angefochten werden, wenn sie nicht den Bestimmungen der WTO entsprechen. Die Streitfälle werden in Tribunalen unter Ausschluss der Öffentlichkeit verhandelt. Die Mitglieder dieser Schiedsgerichte haben eine der WTO entsprechende wirtschaftspolitische Blickrichtung, was eine unabhängige Behandlung eines Falles unmöglich macht (vgl. Wallach 2002: 266). Bei der Beanstandung eines nationalen Gesetzes muss das betreffende Land entweder das Gesetz ändern oder der Klägerpartei finanzielle Entschädigung zukommen lassen. Im Falle der Weigerung wird es durch Wirtschaftssanktionen der WTO unter Druck gesetzt. Die Auswirkungen dieses Machtpotentials zeigen sich vor allem in Bereichen der staatlichen Gesetzgebung, die einen Schutz der Bevölkerung vor den negativen Folgen der globalen Wirtschaft bieten sollen. Bestimmungen zum Umweltschutz und der Gesundheit der Bevölkerung sind ein beliebtes Sujet von Klagen vor der WTO. Ein Beispiel ist das von der EU verhängte Verbot von hormonbehandeltem Rindfleisch. Die USA klagte die EU und die WTO erklärte dieses Verbot für regelwidrig. Da die EU das Verbot nicht aufheben wollte, musste sie Strafzölle der USA in Kauf nehmen (vgl. ebd. 270). Oft reicht schon die bloße Androhung einer Klage, um einen Staat zur „Verwässerung" gewisser Gesetze des Arbeiter- oder Verbraucherschutzes zu bringen.

Der Wirkungsmacht der WTO geht soweit, dass völkerrechtliche Bestimmungen wie die der UNICEF (*United Nations International Children's Emergency Fund*) oder der WHO *(World Health Organization)* unterlaufen werden. In Guatemala gibt es ein Gesetz, das sich auf den internationalen UNICEF/WHO-Kodex zur Vermarktung von Babynahrung beruft. Dieses Gesetz sieht eine korrekte Kennzeichnung von Babynahrung je nach Altersstufe entsprechend vor, um zu verhindern, dass Säuglinge mit unzureichenden Produkten ernährt werden. Dies beinhaltet auch, dass auf den Etiketten keine Abbildungen wohlgenährter Säuglinge zu sehen sein dürfen, da nicht-schriftkundige Eltern getäuscht werden könnten. Die Einführung dieses Gesetzes ließ die Kindersterblichkeit in Guatemala zurückgehen. Der US-Konzern Gerber Products pochte aber auf den Schutz seines Markenzeichens, einem dicken Babygesicht, und ignorierte das Gesetz. Als Guatemala das Verbot sämtlicher Gerber-Produkte erwog, drohte der Konzern mit einer Klage vor dem damaligen GATT. Im Jahr 1995 änderte Guatemala schließlich ihr Babynahrungsgesetz, um eine Klage und mögliche Sanktionen zu verhindern (vgl. Wallach 2002: 274 f.).

Die wirtschaftlichen Interessen eines Konzernes zählen in der Freihandelsdoktrin der WTO folglich mehr, als menschliche Bedürfnisse und Grundrechte wie das Recht auf Gesundheit und Ernährung. Die regulierende Gesetzgebung eines Staates zum Schutz der Bevölkerung kann durch die bloße Drohung von Sanktionen seitens der WTO zunichte gemacht werden. Sicherlich steht es jeder Regierung frei, sich zu beugen oder nicht. Die Entscheidung wird aber davon abhängen, ob ein Land mögliche Wirtschaftssanktionen verkraftet oder nicht.

Eine andere weitreichende Folge der WTO-Politik ist die Förderung von Agro-Multis. Diese transnationalen Konzerne (TNK) im Landwirtschaftsbereich lassen sich Patente auf Saatgut geben und verkaufen diese dann an die Bauern eines Landes. Ein Beispiel ist der US-Chemiekonzern Monsanto, der sich durch das Gift *Agent Orange* „einen Namen" machte und jetzt gentechnisch verändertes Saatgut vertreibt (vgl. Shiva 2002: 317).

Das Regelwerk der WTO zielt auf scheinbar wirtschaftliche Belange ab, doch in Wirklichkeit haben die Bestimmungen weitreichende globale Folgen in sozialer, politischer und umweltbezogener Sicht. Sie führen zu einer Beschneidung von elementarsten Menschenrechten bis hin zu ArbeiterInnenrechten, Umweltrechten und politischen Mitbestimmungsrechten. Alle Aspekte des Lebens werden als Interessensbereich der Wirtschaftsakteure gesehen, nicht zuletzt auch das Leben selbst. Das TRIPS-Abkommen beispielsweise ermöglicht eine Patentierung von Pflanzen und Lebewesen. Noch besteht die Möglichkeit für die Mitgliedstaaten, Pflanzen und Tiere von der Patentierung auszuschließen, und das Abkommen wurde nach Scheitern der geplanten „Milleniumsrunde" von Seattle 1999 auf Eis gelegt. Die Verhandlungen der WTO in Seattle scheiterten einerseits am Thema Agrarsubventionen und andererseits sah sich das Treffen massivem öffentlichen Widerstand ausgesetzt. In Seattle fand die erste große weltweit registrierte Demonstration von GlobalisierungskritikerInnen aus aller Welt statt, bei dem die Stadt sogar das Kriegsrecht verhängte. Vor allem das Bekanntwerden des seit Jahren informell verhandelten MAI löste großen internationalen Protest aus und gab der globalisierungskritischen Bewegung einen Handlungsanstoß. Dieses Abkommen hätte zur Folge gehabt, dass ein Staat nicht mehr regelnd in die Investitionsvorgänge seines Landes eingreifen darf und somit Unternehmen ihr Handeln nicht auf die nationalstaatliche Gesetzgebung abstimmen müssen. Offiziell wurde das MAI auf Eis gelegt.

Im Jahr 2001 startete die *Welthandelsorganisation* die „Doha-Runde". Nach einem Scheitern der Verhandlungen in Cancún 2003 wurde schließlich im August 2004 in Genf von den 147 Staaten ein Rahmenabkommen zum Abschluss dieser Runde unterzeichnet. Vereinbart wurde die Abschaffung von Exportsubventionen reicher Länder im Agrarbereich, die bis jetzt zu Lasten der Entwicklungsländer gehen. Hier soll beispielsweise die USA die Subventionen für ihre Baumwollfarmer senken, um den afrikanischen Baumwollproduzenten fairere Handelsbedingungen zu ermöglichen. Als Gegenleistung verlangen die Industrieländer von den Entwicklungsstaaten eine weitere Öffnung ihrer Märkte für Textilien und andere Industriegüter. Ein wichtiger Verhandlungspunkt war der Dienstleistungsbereich. Die Deregulierung für den Finanzbereich und der Energieversorgung soll in nächster Zeit ausgehandelt werden. Der endgültige Abschluss der Doha-Runde soll 2006 erfolgen (vgl. „WTO-Durchbruch: Subventionen für Agrarprodukte werden gekürzt", in: Der Standard vom 02. 08. 2004, S.13).

Auch wenn das Einlenken der Industriestaaten in der Agrarpolitik als ein Erfolg für wirtschaftlich schwächere Länder angesehen wird, so bedeuten die Beschlüsse der WTO eine verstärkte Liberalisierung des Handels mit allen negativen Konsequenzen für Umwelt- und Menschenrechte. Vor allem die Privatisierung der Wasserversorgung und des Gesundheitssektors gefährdet den freien Zugang der Menschen zu kollektivem Gut und überlebensnotwendiger Versorgung.

Der Internationale Währungsfond und die Weltbank

Wichtige Akteure der Globalisierung sind die Finanzorganisationen des *IWF* (IMF International Monetary Fund) und die *Weltbank*. Sie wurden 1944 als Bretton-Woods-Institutionen gegründet. Das internationale Finanzsystem sollte festen Regeln folgen, um weitere Weltwirtschaftskrisen zu verhindern und Stabilität zu gewährleisten. Der *IWF* hat die Aufgabe, zahlungsunfähigen Mitgliedsländern Kredite bereitzustellen. Mit Fall des Bretton-Woods-Systems in den 70er Jahren ist der *IWF* für die Überwachung des internationalen Währungssystems zuständig. Er hat 184 Mitgliedstaaten und ist eine Sonderorganisation der UNO, ihr jedoch nicht rechenschaftspflichtig.

Das oberste Organ ist der Gouverneursrat, in dem jeweils ein Vertreter aus jedem Mitgliedsland sitzt, meist Finanzminister oder Zentralbankchefs. Er tritt einmal jährlich mit der Gouverneursversammlung der *Weltbank* zusammen. Das Stimmrecht der Mitgliedsstaaten richtet sich nach deren Einzahlungen, wodurch den westlichen Industrieländern die Mehrheit der Stimmen gesichert ist. Die USA halten alleine 17 Prozent der Stimmen, wodurch sie die 85 %-Mehrheitsklausel bei wichtigen Entscheidungen als ein Vetorecht nutzen können (vgl. Copur/Schneider 2004: 25). Die stärksten Mitgliedsländer neben den USA sind Großbritannien, Deutschland, Frankreich und Japan.

Die laufende Geschäftsführung hat das Exekutivgremium mit 24 Direktoren inne. Die fünf finanzstärksten Länder (s.oben) stellen jeweils einen Exekutivdirektor, genauso wie Saudi-Arabien, die VR China und Russland. Die restlichen 16 Direktoren vertreten regional festgelegte Ländergruppen. Der geschäftsführende Direktor des IWF ist Vorsitzender des Exekutivgremiums und traditionell Europäer, während der Präsident der Weltbank ein Amerikaner ist (vgl. Tetzlaff 1996: 82). Weitere Organe des IWF sind der Internationale Währungs- und Finanzausschuss und die Departements für Regionen, für Finanzen, für Informationspolitik und die Unterstützende Administration. Die Machtverteilung im IWF ist stark zugunsten der Industrieländer gewichtet. Die G8-Staaten verfügen über 45 % der Stimmen, die 80 ärmsten Länder der Welt jedoch nur über insgesamt 10 % (vgl. Copur/Schneider 2004: 25). Seit 1999 gibt es die „Armutsreduzierungs- und Wachstumsfazilität", die ärmsten Ländern günstige Kredite gewähren soll. Dabei muss das Kreditnehmerland in Zusammenarbeit mit der betroffenen Zivilgesellschaft ein Armutsstrategiepapier ausarbeiten (*Poverty-Reduction Strategy-Paper, PRSP*) (s.unten).

Die *Weltbank* ist ebenfalls eine UN-Sonderorganisation und ist auf Entwicklungsprojekte spezialisiert. Die gesamte Organisation ist genau genommen als *„The World Bank Group"* zu bezeichnen. Sie setzt sich zusammen aus der *Internationalen Bank für Wiederaufbau und Entwicklung*, der *Internationalen Entwicklungsorganisation*, der *Internationalen Finanz-Corporation*, der *Multilateralen Investitions-Garantie-Agentur* und dem *Internationalen Zentrum zur Beilegung von Investitionsstreitigkeiten*. Die Bezeichnung „Weltbank" wird für die beiden ersten Institutionen verwendet (vgl. Ziegler 2003: 160).

Genauso wie der IWF hat die Weltbank 184 Mitglieder und ihren Sitz in Washington und einen ähnlichen Aufbau wie der IWF. Das oberste Gremium ist ebenfalls der Gouverneursrat, die laufenden Geschäfte übernimmt das Exekutivgremium, das aus 24 DirektorInnen besteht und denselben Aufbau hat, wie die des IWF. Weiters gibt es verschiedene regionale und inhaltliche Abteilungen. Der Weltbank-Präsident wird für fünf Jahre vom Exekutivdirektorium gewählt und ist seit jeher ein US-Amerikaner.

Die Stimmenverteilung ist ähnlich gewichtet wie im IWF, das heißt die USA verfügen über 16, 4 % und besitzen ein Vetorecht.

Unter der „Entwicklung" der Mitgliedsländer wird vorrangig die wirtschaftliche Dimension verstanden, denn wie schon in Artikel 1 der Weltbank-Satzung steht, soll „durch die Ermutigung zu internationalen Investitionen das langfristige, ausgeglichene Anwachsen des internationalen Handels" gefördert werden (zit. nach Copur/Schneider 2004: 28).

Im Sinne neoliberaler Politik unterstützen die Institutionen IMF und Weltbank Deregulierung und Handelsliberalisierung. Ihr Handeln steht also in Einklang mit den Vorgaben der WTO. Der vor kurzem gewählte neue Weltbankpräsident Paul Wolfowitz wird diesen Kurs wohl weiterführen. Als US-Vizeverteidigungsminister war er ein großer Befürworter des Irakkriegs, und seine Absicht, Armut nicht nur mit Krediten und Entwicklungshilfen zu bekämpfen sondern „vor allem durch den freien Handel"(Profil vom 4. April 2005, Jg.36, Hft. 14, S.145), zeugt entweder von politischer Inkompetenz oder ist eine bewusste Irreführung der Öffentlichkeit. Armutsbekämpfung kann nur durch regulierende politische Maßnahmen erfolgen und nicht über das freie Spiel der Marktkräfte.

Eines der Mittel von IWF und Weltbank zur Durchsetzung ihrer neoliberalen Politik sind die Bedingungen, die sie an die Kreditvergabe knüpfen. Seit der Schuldenkrise der Entwicklungsländer in den 80er Jahren werden den verschuldeten Staaten die sogenannten Strukturanpassungsprogramme auferlegt.

Strukturanpassungsprogramme – Verschuldung des Südens

Seit dem Zusammenbrach des Bretton-Woods-Systems agieren IWF und Weltbank unter dem neoliberalen Credo des „Konsens von Washington". Der Begriff wurde 1990 erstmals in einer Veröffentlichung über Reformen in Latein-Amerika verwendet. Der Washingtoner Konsens steht für ein „Politikkonzept, das nicht nur von IWF und Weltbank (...), sondern auch von Institutionen der Politikberatung, der US-Regierung und international operierender Finanzinstitute propagiert und durchgesetzt wird" (vgl. Copur/Schneider 2004: 40). Diese Politik bedeutet die Einführung der Freihandelsdoktrin in den verschuldeten Ländern. Dies inkludiert neben Handelsliberalisierung den Abbau staatlicher Subventionen und Regulierungen, die Privatisierung öffentlicher Unternehmen, Sparpolitik und günstige Bedingungen für ausländische Investoren.

Diese Prinzipien werden den Schuldnerstaaten des IWF und der Weltbank schon seit den 1980ern abverlangt. Anlass war die Schuldenkrise von Mexiko 1982. Seitdem diktieren die beiden Institutionen den Ländern der Dritten Welt die *Strukturanpassungsprogramme* (SAP, Structural Adjustment Programmes). Diese knüpfen die Kreditvergabe an Bedingungen, die der Ideologie des Washingtoner Konsenses entsprechen. Die Wirtschaft des verschuldeten Landes soll so an die Anforderungen des internationalen Wirtschaftssystems angepasst werden. Der Weg dorthin führt über die Abkehr von protektionistischer Politik, das heißt ausländische Unternehmen genießen denselben Stellenwert wie die einheimische Industrie und dürfen in ihren Investitionen nicht mehr beschränkt werden, zu einer verstärkten Exportorientierung der Wirtschaft, einer restriktiven Lohnpolitik, Kürzungen der Staatsausgaben im Sozial- und Gesundheitswesen, einer Verbesserung der Standortfaktoren durch Abbau von Zöllen oder Importrestriktionen; zur Privatisierung von Staatsunternehmen und schließlich zur Deregulierung des Arbeitssektors durch die Lockerung von Arbeits- und Umweltrechten (vgl. Bello 2002: 191f). All diese Maßnahmen dienen der Öffnung des Landes für den internationalen Markt und bringen in erster Linie Vorteile für ausländische Investoren. Die Auswirkungen auf das betroffene Land zeigen sich vor allem in einer Verschlechterung der sozialen Lage der Bevölkerung. Vor allem die Privatisierung des öffentlichen Sektors hat unabsehbare Folgen. Die Privatisierung des Wassersektors beispielsweise führt in vielen Ländern der südlichen Hemisphäre dazu, dass die Bevölkerung sich das tägliche Wasser teuer erkaufen muss, oder sich im Notfall mit verunreinigtem Wasser versorgt. Im Bildungssystem gibt es ebenso negative Effekte. So wurden beispielsweise in Tansania Schulgebühren eingeführt, die dem armen Teil der Bevölkerung von nun an den Zugang zu Bildung verwehren. Der IWF fordert die vollständige Privatisierung der ehemals staatlichen Landwirtschaftsbetriebe, genauso wie die der städtischen Wasserwerke und des sekundären Bildungssystems (vgl. Mum 2001:168f.). Trotz dieser Strukturanpassungsprogramme sinkt die Verschuldung der Entwicklungsländer nicht. Sie steigt kontinuierlich und die neuen Kredite müssen dafür verwendet werden, alte Schulden zurückzuzahlen. Ende der 80er Jahre wurde die öffentliche Kritik an den SAPs laut. Die UNICEF veröffentlichte einen Bericht über die sozialen Folgen der Programme. Das Ergebnis seien zunehmende Armut, steigende Kinder- und Muttersterblichkeit und eine Verschlechterung des Gesundheitswesen (vgl. Copur/Schneider 2004: 43). Vor allem die menschenrechtliche Dimension dieser Maßnahmen wird von den diktierenden Institutionen vernachlässigt. Eine Bestätigung für die unsoziale Politik, die von IWF und Weltbank unterstützt wird, sind die zahlreichen Unruhen, die von SAP-Ankündigungen ausgelöst werden. Als der IWF 1989 der Regierung Venezuelas den Rat gab, die Brotpreise zu verdoppeln, löste dies Unruhen in Caracas aus, bei denen Hunderte Menschen starben. Solche „IMF-Riots" gab es auch während der Südostasienkrise 1997/98 und 2002 in Argentinien und zeigen die weitreichenden Konsequenzen neoliberaler Wirtschaftspolitik.

Durch kosmetische Korrekturen versuchen die internationalen Finanzorganisationen seit den letzten Jahren, die negativen sozialen Folgen der Strukturanpassungen zu verringern. Unter dem Schlagwort *Poverty Reduction Strategy Papers (PRSP)* soll der betroffene Schuldnerstaat auf eigene Initiative unter Mitwirkung der betroffenen Bevölkerung Strategien zur Beseitigung von Armut ausarbeiten. Diese PRSP dienen auch als Voraussetzung für einen Schuldenerlass für die am stärksten verschuldeten Länder im Rahmen der HIPC-Initiative (Heavily Indebted Poor Countries).
Die Aufnahme von Menschenrechtsstandards in die Entwicklungsprojekte und Programme von IWF und Weltbank wird von vielen Seiten gefordert. Dazu müssten die Leitlinien überdacht werden, denn Handelsliberalisierung in diesem Ausmaß und Abbau des Sozialstaates sind schwer zu vereinbaren mit erfolgreicher Menschenrechtspolitik.

Multinationale Konzerne

Multinationale oder Transnationale Konzerne (TNKs) haben sich in den letzten Jahrzehnten zu den mächtigsten Wirtschaftskräften der Welt entwickelt. 500 dieser Unternehmen kontrollieren bereits 70 Prozent des weltweiten Handels (vgl. Clarke 2002: 110). Der wirtschaftliche Erfolg dieser Konzerne stützt sich zu einem großen Teil auf der Logik internationaler Arbeitsteilung. Die Produktion der Güter erfolgt beispielsweise in Ländern mit großem Angebot an Billigarbeitskräften und niedrigen Sozialstandards.

In den sogenannten *Export-Produktions-Zonen* (EPZ) werden steuerliche und arbeitsrechtliche Beschränkungen für Unternehmen außer Kraft gesetzt. Bereits in den 1970ern wurden diese Freihandelszonen vor allem in Entwicklungsländern geschaffen, um ausländische Investoren anzulocken. Derzeit gibt es rund 800 Freihandelszonen in 40 Ländern, wobei sich diese auf Regionen in Lateinamerika und Asien konzentrieren (vgl. Goldsmith 2002: 210). Produziert wird vor allem für den Bekleidungs- und Elektronikmarkt der Industriestaaten. Die Hauptgewinne der TNKs fließen ebenfalls Richtung industrialisierte Welt, wo sich die Hauptsitze der Unternehmen befinden. Menschenrechtlich gesehen sind Export-Produktionszonen sehr fragwürdig. Oft werden nationalstaatliche Gesetze zum Schutz von ArbeiterInnen für diese Gebiete außer Kraft gesetzt, mit dem Argument, es handle sich um exterritoriales Gebiet. So sei man als Staat auch nicht verpflichtet, für die Einhaltung internationaler Menschenrechte zu sorgen. Die Beschäftigten in diesen Zonen sind vornehmlich junge Frauen. Sie gelten als sehr fleißig und weniger protestbereit als Männer. Aus Angst vor einem Arbeitsplatzverlust werden schlechte Arbeitsbedingungen und niedrige Bezahlung in Kauf genommen. Gewerkschaftliche Tätigkeiten werden nicht selten mit staatlicher Hilfe unterdrückt.

Die UNO hat bereits Anstrengungen gezeigt, transnationale Konzerne stärker in die Pflicht zu nehmen. Auf die Initiative des UN-Generalsekretärs Kofi Annan wurde im Juli 2000 der *Global Compact* aus der Taufe gehoben. Dieser Pakt stellt eine Grundsatzerklärung für wirtschaftliche Unternehmen dar und beinhaltet neun Prinzipien aus den Bereichen Menschenrechte und Umweltschutz. Beispielsweise sollen die unterzeichnenden Unternehmen sicherstellen, dass sie durch ihre Tätigkeiten nicht zu Mittätern von Menschenrechtsverletzungen werden. Eine Überwachung oder Durchsetzung der Prinzipien durch die UNO ist nicht aber vorgesehen (vgl.Paul 2001: 123). Annan hatte seine Idee ein Jahr zuvor auf dem Weltwirtschaftsforum in Davos vorgestellt. Er wolle dem globalen Markt „ein menschliches Antlitz" verleihen. Er betonte, dass die politischen Systeme und ihre Gesellschaften nicht fähig wären, sich dem schnellen Wachstum der globalisierten Märkte anzupassen, und ein solches „Ungleichgewicht zwischen der wirtschaftlichen, sozialen und politischen Sphäre" wäre nicht lange aufrechtzuerhalten (zit.n. Paul 2001: 124). Es wurde eine eigene Internet-Homepage eingerichtet (www.globalcompact.org), auf der die Unternehmen dann ihre „Erfolgsstorys" im Menschenrechtsbereich publizieren können. Hier wird deutlich, dass der Global Compact kein effektives Mittel für den Menschenrechtsschutz darstellt, sondern auf der einen Seite eine gute PR-Möglichkeit für multinationale Konzerne ist und von Seiten der UNO eine Ersatzhandlung für konsequente Menschenrechtspolitik.

7. Die Globalisierungskritik als emanzipatorische Gegenbewegung: Die Weltsozialforen (WSF)

Seit Mitte der 1990er Jahre kam der Begriff der „Antiglobalisierungsbewegung" verstärkt an die Öffentlichkeit. WTO-Konferenzen oder G8-Gipfel wurden zu medialen Schauplätzen großer Gegendemonstrationen von systemkritisch denkenden Jugendlichen, vermeintlichen GlobalisierungsverliererInnen und „Weltverbesserern". Die Auflehnung der Zivilgesellschaft gegen von oben diktierte neoliberale Politik nahm in dieser Zeit seinen Anfang. Globalisierungskritisches Denken hat sich in Folgezeit zu einer salonfähigem Denkart entwickelt, die eine Bandbreite an politischen Einstellungen abdeckt. So brüsten sich bisweilen konservative und rechtslastige Parteien damit, etwas gegen die ungebremste Globalisierung unternehmen zu wollen. Meine Definition von Globalisierungskritik schließt solche irreführenden Tendenzen jedoch aus. Sie definiert sich vielmehr als eine Kritik an der Globalisierung neoliberaler Ideologie und ihrer Verbindung mit marktradikaler Wirtschaftspolitik. Ein weiteres Charakteristikum von Globalisierungskritik ist ihre Formierung als soziale Bewegung, die sich aus der Zivilgesellschaft „rekrutiert". Diese Bewegung bekennt sich zu einer progressiv und sozial ausgerichteten Politik in globalen und regionalen Dimensionen.

Das erste *Weltsozialforum* 2001 in Porto Alegre wurde von globalisierungskritischen Vereinigungen als Gegengipfel zu den *Weltwirtschaftsforen* (*World Economic Forum* WEF) abgehalten. Das WEF findet jedes Jahr im Januar im Schweizer Ort Davos statt und wird oft als ein Treffen der Wirtschaftselite bezeichnet. Daran nehmen aber nicht nur Finanzgrößen wie der Konzernchef Bill Gates teil, sondern auch hochrangige Politiker und in letzter Zeit verstärkt berühmte Persönlichkeiten, wie zum Beispiel der Sänger Bono Vox oder die Schauspielerin Sharon Stone. Dieser Umstand macht das WEF zu einem medienwirksamen Spektakel, wofür dann auch dementsprechend die Themenliste gestaltet wird. Das diesjährige WEF stand offiziell im Zeichen der internationalen Solidarität, was vor allem nach der Flutkatastrophe in Südostasien ein dringlicher Punkt internationaler Politik zu sein schien. Frankreichs Staatspräsident Jacques Chirac machte den Vorschlag einer internationalen „Solidarsteuer" zugunsten ärmerer Länder. Der brasilianische Präsident Luiz Inácio „Lula" de Silva, früher eine Gallionsfigur des *Weltsozialforums*, nahm ebenfalls am WEF teil. In der Öffentlichkeit wurde vielleicht der Eindruck erweckt, dass die Weltwirtschaftspolitik ein menschlicheres Antlitz erhalten soll, doch ernstzunehmende Maßnahmen wurden auf dem WEF nicht gefasst. Hinter die Fassaden geblickt hat sich am

Grundprinzip neoliberaler Wirtschaftspolitik nichts geändert. Die Aussagen des britischen Premierministers Tony Blair zeigen, in welche Richtungen die Bemühungen der Wirtschafts- und politischen Elite gehen: es sollen neue internationale Entwicklungshilfeprogramme gestartet werden, wobei die Armutsbekämpfung immer in Verbindung mit dem Kampf gegen Terrorismus zu erfolgen habe (vgl. Der Standard vom 27. 01. 2005, „Davos: Chirac für Dritte-Welt-Steuer", S.1). Armut als einen Mitgrund für die Entstehung von Terrorismus zu sehen, hat seine Richtigkeit. Den Krieg gegen Terror aber als ein Mittel gegen Armut einzusetzen, hat wenig mit internationaler Solidarität zu tun.

Der Hauptkritikpunkt am *Weltwirtschaftsforum* von Seiten der globalisierungskritischen Bewegung ist nicht nur Verfestigung neoliberaler Denkweisen, sondern auch der elitäre Charakter des Forums und die Informalisierung von Politik, die so vorangetrieben wird. Aus diesem Grund haben sich erstmals im Jahr 2001 globalisierungskritisch denkende Personen in der brasilianischen Stadt Porto Alegre zusammengefunden, um eine Gegenveranstaltung abzuhalten. Sie wurde initiiert von brasilianischen Organisationen wie der *Bewegung der Landlosen LandarbeiterInnen (MST Movimento dos Trabalhadores Rurais Sem Terra)* und fand Unterstützung durch die Stadtverwaltung Porto Alegres und die Regierung des Bundesstaates. Beide Organe wurden zu dieser Zeit von der Arbeiterpartei *(PT Partido dos Trabalhadores)* dominiert und halfen entscheidend bei der Organisation des ersten *Weltsozialforums* mit (vgl. Teivainen 2004: 175). Die offizielle Entscheidungsmacht für das Forum hatte das *Organisationskomitee*, das aus der MST, der Zentralen Gewerkschaftskonföderation und sechs brasilianischen NGOs besteht (vgl. ebd.176). Das zweite Hauptorgan des WSF-Prozesses ist der *Internationale Rat*, der im Juni 2001 gegründet wurde. Er setzt sich zusammen aus über 100 Organisationen, die zum Großteil aus Nord- und Südamerika und Westeuropa stammen. Die regionalen Sozialforen wie zum Beispiel das *Europäische Sozialforum ESF* entsenden Beobachterorganisationen in den Rat.
Das Motto des *Weltsozialforums* lautet: „Eine andere Welt ist möglich!"
Es bedeutet nicht nur Kritik am derzeitigen Prozess der Globalisierung sondern schließt auch mögliche Utopien einer anderen Zukunft mit ein.

Am ersten Weltsozialforum, das vom 25. bis 30 Januar stattfand, nahmen rund 15.000 Personen aus über 100 Ländern teil. Das Forum kann einerseits als eine Arena des Austausches von sozialen Bewegungen gesehen werden und andererseits als ein Akteur innerhalb der globalisierungskritischen Bewegung. Die teilnehmenden Gruppen entstammen der Zivilgesellschaft und sind in diesem Sinne Nicht-Regierungs-Organisationen, Vereinen, Gewerkschaften etc. Sie sind thematisch weit gefächert, das heißt es gibt unter anderem Menschenrechtsorganisationen, Kampagnen wie die *Clean Clothes Campaigne,* humanitäre Organisationen mit kirchlichem Hintergrund aber auch Forschungseinrichtungen wie *Focus on the Global South*, die an *Weltsozialforen* teilnehmen. Das Forum kann als ein internationales Netzwerk gesehen werden, das aber ständig im Fluss ist. Das Internet stellt das wichtigste Kommunikationsmittel dar. Hier sind Informationen nicht nur über die abgehaltenen Foren zu finden, sondern auch Verzweigungen zu regionalen Sozialforen und globalisierungskritischen Gruppen. Das WSF ist also keine politische Institution, sondern eine Plattform und eine Möglichkeit der internationalen Vernetzung. Das jährliche Treffen, das jeweils ein paar Tage im Januar stattfindet, dient dem Ideenaustausch, um Alternativen zur herrschenden neoliberalen Globalisierung zu finden, wobei die Thematiken, die bearbeitet werden, sehr weit gestreut sind. In mehreren Workshops werden unterschiedliche Themen behandelt. Das reicht von gewerkschaftlicher Organisierung, über Frauenrechte bis hin zum Widerstand gegen die WTO. Am zweiten WSF 2002 fanden beispielsweise Workshops zum Thema Politmacht und Ethik, Zivilgesellschaft und Zugang zu Ressourcen statt. In Konferenzen oder Podiumsdiskussionen werden Analysen einer breiteren Öffentlichkeit präsentiert. Die Durchführungsweise des WSF wurde schon beim ersten Treffen 2001 von TeilnehmerInnen kritisiert. Die Podiumsdiskussionen sind zum Beispiel von Männern mittleren Alters dominiert und Fragen aus dem Publikum wurden kaum gehört. Auch die Mitarbeit institutioneller Politiker ist immer wieder Thema interner Kontroversen. So nahmen am WSF 2002 französische Minister teil, und der Politiker Lula de Silva wurde seit seiner Vereidung als brasilianischer Präsident ein ungeliebter Gast auf dem WSF. Um eine Lösung dieses Problems zu finden, beschloss der *Internationale Rat* von 2002, dass RepräsentantInnen von Institutionen nur noch zu den sogenannten Runden Tischen zum Zwecke der kritischen Auseinandersetzung zu laden seien (vgl. Taiveinen 2004: 182). So würde das WSF eine rein zivilgesellschaftliche Veranstaltung bleiben und nicht von Politikern dazu benutzt werden, um sich ein sozialeres Image zuzulegen.

Nach dem Erfolg des Jahres 2001 wurde ein jährliches Weltsozialforum beschlossen, wobei alle – bis auf das vierte WSF in Mumbai – in Porto Alegre stattfanden. Die Themengestaltung variierte nur leicht je nach aktuellen Ereignissen. Das zweite und dritte WSF wurden vor allem durch die Thematik des „Krieges gegen Terrorismus" bestimmt, wobei aber der Zusammenhang zu neoliberaler Globalisierung betont wurde.

Das *Weltsozialforum* ist Ausdruck einer Zivilgesellschaft, die herrschende Ideologien und Mechanismen hinterfragt und alternative Lösungsmöglichkeiten sucht. Die wachsende TeilnehmerInnenzahl zeigt die Dringlichkeit des Engagements. Eine soziale Gegenbewegung zur Globalisierung marktradikaler und entsolidarisierter Politik ist eine Chance für demokratische Partizipation. Die Kritik des WSF am Neoliberalismus, die aus unterschiedlichen

Blickrichtungen kommt, ist für mich das Hauptargument, warum ich deren schriftliche Erklärungen für meine Untersuchung heranziehe.
Für meine Inhaltsanalyse werde ich sechs Texte des deutschsprachigen WSF-Internetportals verwenden (http://www.weltsozialforum.org). Es sind dies zwei Texte des ersten WSF 2001 (Charta der Prinzipien, Aufruf zur Mobilisierung) und dann jeweils eine Abschlusserklärung bzw. ein Aufruf der nachfolgenden *Weltsozialforen* bis 2005.

8. Analyse der WSF-Dokumente

Ich werde für die qualitative Inhaltsanalyse die Form der deduktiven inhaltlichen Strukturierung anwenden. Das heißt ich werde zuerst den jeweiligen Text nach Menschenrechtsbegriffen nach dem Schema der drei Menschenrechtsgenerationen durchsuchen und dann deren Textzusammenhang untersuchen (s. dazu Mayring 2003: 89), wobei ich folgende Fragen beantworten will:
Welche Menschenrechte kommen zur Sprache, welche Generationen und welche menschlichen Bedürfnisse werden angesprochen?
Worin sehen die GlobalisierungskritikerInnen die Probleme neoliberaler Globalisierung, welche Missstände bezüglich Menschenrechte werden aufgegriffen?
Wo werden die individuellen oder kollektiven Akteure dieser Menschenrechtsverletzungen ausgemacht?
Welche Lösungsansätze zu den genannten Missständen werden geboten?
An wen oder was adressieren die GlobalisierungskritikerInnen ihre Menschenrechtsforderungen?
Auf diese Weise will ich die Hauptthesen der WSF-Dokumente bezüglich neoliberaler Globalisierung und Menschenrechten herausarbeiten. Am Ende dessen will ich eine kritische Betrachtung der Thesen vornehmen und so meine Arbeit abschließen.

8.1. Die Charta der Prinzipien

(http://weltsozialforum.org/prinzipien/print.html [24.02.2004], Vollzitat siehe Anhang)
Die Charta der Prinzipien wurde vom Organisationskomitee des Weltsozialforums am 9. April 2001 beschlossen und von Internationalen Rat des Weltsozialforums mit ein paar Änderungen am 10. Juni 2001 genehmigt. Die Charta besteht aus einer Einleitung und 14 Punkten. Der einleitende Absatz gibt eine Begründung zu den Hintergründen der Veröffentlichung. Die Charta wurde

nach dem ersten Weltsozialforum vom Januar 2001 in Porto Alegre als eine Zusammenfassung der Ergebnisse und als Orientierung für die Weiterführung der Weltsozialforen zusammengestellt. Die Prinzipien der Charta seien von allen TeilnehmerInnen der WSF-Bewegung zu akzeptieren. Der größte Teil der Charta erläutert die Organisationsform des Weltsozialforums und seine Funktionen, wobei auch auf die Grenzen des Wirkungsbereiches des Forums eingegangen wird. Das *WSF* versteht sich als ein Ort der Debatte für „Gruppen und Bewegungen der Zivilgesellschaft", es ist jedoch nicht als eine politische Institution im herkömmlichen Sinne zu verstehen, weshalb es auch keine für alle TeilnehmerInnen bindenden Beschlüsse erlassen kann (Punkt 6). Das *Weltsozialforum* fungiert als internationales Netzwerk und will die Verbindungen zwischen progressiven Organisationen verstärken. Angesprochen sind Gruppen und Bewegungen, die gegen Neoliberalismus, Imperialismus und der globalen Vormacht des Kapitals agieren, und sich einsetzen für eine Weltgesellschaft, die auf „fruchtbare Verhältnisse innerhalb der Menschheit" und der Natur basiert (Punkt 1). Das Schlagwort dazu lautet: „Eine andere Welt ist möglich!", wobei die Suche nach alternativen Weltkonzepten ein ständiger Prozess sein soll (Punkt 2). Durch internationale Solidarität sollen Tätigkeiten gesetzt werden, die den derzeitigen „Prozess der Entmenschlichung" stoppen, wobei die Gewaltfreiheit dieses Widerstandes betont wird (Punkt 13). Die vom WSF vertretenen Werte sind Menschenrechte, partizipatorische Demokratie, Gewaltfreiheit, Solidarität, soziale Gerechtigkeit und Gleichheit (Punkt 4 und 10). All diese Werte werden bedroht durch den gegenwärtigen Prozess der Globalisierung, der das Kapital zum obersten Grundsatz jeglichen Lebenskontextes erklärt hat. Hinter dieser Globalisierung stehen multinationale Konzerne, kooperierende Regierungen und internationale Institutionen.

Eine dezidierte Nennung des Begriffes „*Menschenrecht(e)*" erfolgt in Punkt 4 und 10. Die Menschenrechte werden dabei in Zusammenhang mit der alternativen Weltvorstellung der Globalisierungskritik genannt. Zuerst ist die Rede von den „allgemeinen Menschenrechte(n)", die in dieser anderen Welt respektiert werden, wobei dann noch spezifische Rechte genannt werden wie *BürgerInnenrechte* und *Rechte von Nationen*. Obwohl es nicht dezidiert als ein „Recht" deklariert wird, so ist die *Selbstbestimmung der Völker* ebenfalls hier einzureihen (Punkt 4). Die normative Einbettung dieser Menschenrechtsbegriffe erfolgt durch die klassischen naturrechtlichen Begriffe wie „Gerechtigkeit" und „Gleichheit", wie sie schon in den Menschenrechtserklärungen des 18. Jahrhunderts verwendet wurden. Weiters werden die Menschenrechte in Zusammenhang mit Demokratie, genauer definiert als „partizipatorische Demokratie", mit Frieden und „Solidarität" zwischen Individuen und Kollektiven (Ethnien, Völker) genannt. Hier steht der Text also in der Tradition der UN-Menschenrechtsdeklarationen, die die Demokratie als eine Voraussetzung für die Einhaltung von Menschenrechten sehen, und

Menschenrechte selbst wiederum als eine Grundvoraussetzung für friedliche internationale Beziehungen.

Die Analyse zeigt, dass in der *Charta der Prinzipien* ein Menschenrechtsbegriff benutzt wird, der sich sowohl auf die bürgerlich-politische Dimension bezieht, als auch auf die wirtschaftliche und soziale und auf Solidaritätsrechte. Die RechtsträgerInnen werden dabei sowohl individuell (BürgerInnen) wie auch kollektiv (Nationen) charakterisiert. In Zusammenhang mit den Bedürfnissen der Menschen und ihren Menschenrechten wird jeweils auch die Natur und eine intakte Umwelt genannt.

Der zentrale Punkt dieser Erklärung des ersten WSF ist der Antagonismus zwischen Menschenrechten und neoliberaler Globalisierung. Die imperialistische Politik des Neoliberalismus mitsamt seines Weltwirtschaftssystems steht mit den grundlegenden Bedürfnissen und Rechten der Menschen weltweit nicht nur im Widerstreit, ihr Erfolg stützt sich letztendlich auf deren systematischer Missachtung (Ich nenne dies im folgenden die „*These der systematischen Missachtung*"). Das Dokument untermauert diese These vor allem an den negativen Folgen der imperialistischen „Herrschaft des Kapitals", die durch *Global Players* wie multinationale Konzerne forciert wird und nur den wirtschaftlichen Interessen weniger dient. Die VerfasserInnen stellen dabei jeweils die Missstände im Kontrast zu den von ihnen angestrebten Alternativen dar.

Der neoliberale marktwirtschaftlich geprägte Diskurs richtet sich nach der Logik des Kapitals und bedient sich diskriminierender Mittel und der Gewalttätigkeit von Staatsmachten. Dieser Prozess der neoliberalen Globalisierung erzeugt soziale Ungleichheit, zerstört die Umwelt und „entmenschlicht" die Welt. Die Menschen werden so ihrer grundlegendsten Rechte beraubt, sowohl bezüglich ihrer Lebensbedingungen als auch ihres politischen Mitspracherechts.

Als Alternative zu diesem Szenario wird von den TeilnehmerInnen des *Weltsozialforums* der Aufbau einer globalen Gesellschaft angestrebt, die auf Solidarität und dem Prinzip der Menschenrechte ebenso wie auf einen achtsamen Umgang mit der Natur basiert. Mittels internationaler demokratischer Systeme und Institutionen sollen soziale Gerechtigkeit, Gleichheit und friedliche Beziehungen zwischen Menschen und Völkern garantiert werden. Die Bedürfnisse der Menschen – geschützt durch die Menschenrechte - und die Natur stehen auf der politischen Agenda dieses globalisierungskritischen Forums an oberster Stelle.

In den nachfolgenden Dokumenten der Weltsozialforen (Aufruf zur Mobilisierung 2001, Abschlusserklärungen 2002 und 2003 in Porto Alegre, 2004 in Mumbai und 2005 in Porto Alegre) werden einzelne Aspekte dieser Argumentation und vor allem der Bereich der Menschenrechte noch spezifischer erläutert. Ich werde diese Erklärungen im Sinne der These der systematischen Missachtung hin untersuchen.

8.2. Aufruf zur Mobilisierung aus Porto Alegre, 2001 (1.WSF)

(http://www.weltsozialforum.org/2001/2001.aufruf/print.html   [29.04.2004], Vollzitat s. Anhang)

Der „Aufruf zur Mobilisierung aus Porto Alegre" wurde am ersten Weltsozialforum im Januar 2001 verfasst. Es ist ein Kampfaufruf für den Widerstand gegen die neoliberale Globalisierung. Das Weltwirtschaftsforum in Davos ist ein Symbol für die neoliberale Politik, die den Reichtum weniger vermehrt und gleichzeitig die globale Armut und Umweltzerstörung vorantreibt. Die verantwortlichen Eliten handeln undemokratisch und werden von den Interessen der Finanzmächte geleitet. Die derzeitigen weltweiten Entwicklungen bedeuten die Zerstörung von Kulturen, der Natur und den Lebensbedingungen der Menschen. Der Text geht noch genauer auf einzelne Aspekte der Bedrohung ein. Ein Hauptkritikpunkt ist die Kommerzialisierung aller Lebensbereiche; die Natur und die Menschen selbst werden zu Waren gemacht. Dabei werden das Leben und die Gesundheit der Menschen als „fundamentale Rechte" missachtet. Dieser Gedanke wird im Text durch Beispiele belegt, nämlich die Schuldenpolitik des Westens gegenüber den Ländern des Südens, die Privatisierung von Ressourcen und Dienstleistungen, die Einrichtung von Freihandelszonen, Militarismus und Diskriminierungsmechanismen wie Sexismus und Rassismus.

Die Schuldenpolitik dient einer neuen Art von Kolonialherrschaft über die Länder des Südens, wobei deren BewohnerInnen ihrer grundlegenden Menschenrechte beraubt werden. Die weltweite Privatisierung von öffentlichen Ressourcen und Dienstleistungen macht die Menschen und deren Lebensbedingungen zu Waren. Die Handelsliberalisierung fördert Arbeitslosigkeit und negiert ArbeiterInnenrechte. Die Einführung von Freihandelszonen dient den Interessen multinationaler Konzernen und führt zur Marginalisierung von kleinen Bauern und lokalen Unternehmen. Der Militarismus steht in Zusammenhang mit dem neoliberalen Wirtschaftssystem und untergräbt Demokratie und Frieden. Die internationalen Akteure dieser neoliberalen Globalisierung sind in den Augen des Weltsozialforums der IWF, die Weltbank, regionale Entwicklungsbanken, die WTO, und Militärbündnisse wie die NATO (North Atlantic Treaty Organisation). Sie besitzen keine demokratische Legitimation und mischen sich in staatliche Politik ein.

Als gefährdete Menschenrechte werden einerseits grundlegende Bedürfnisse wie *Leben und Gesundheit* genannt, dann aber auch spezifische Rechte wie das *Recht auf gewerkschaftliche Organisierung* und *ArbeiterInnenrechte*. Während zu Beginn des Textes noch eine getrennte Nennung von „*Menschenrechten*",

„*ökologischen Rechten*" und „*sozialen Rechten*" gemacht wird, so wird im weiteren über die Zerstörung „*grundlegender sozialer, ökonomischer (,) kultureller und umweltbezogener Menschenrechte*" gesprochen. Die eingangs benutzte Trennung sehe ich allerdings als rhetorisches Stilmittel, um die Wichtigkeit von sozialen und ökologischen Menschenrechten zu betonen. Genauso wie in der *Charta* wird also im *Aufruf* ein Menschenrechtskonzept verwendet, dass sich auf alle drei Generationen bezieht (bürgerlich-politisch, wirtschaftlich-sozial-kulturell und Solidaritätsrechte). Sehr auffällig ist jeweils der Bezug zum Umweltaspekt. Der Begriff des Menschenrechtes wird in Zusammenhang mit einer intakten Natur gesehen, denn nur so können die elementaren Rechte auf Leben und Gesundheit erfüllt werden. Die normative Einbettung der Menschenrechte erfolgt also nicht nur über die philosophischen Leitbegriffe wie „Freiheit, Frieden und Gleichheit" sondern hat auch eine stark sozioökonomische Konnotation durch den Bezug auf menschliche Lebensbedingungen.

In ihren Forderungen und Kritiken bezieht sich das WSF auch auf das bestehende internationale Menschenrechtssystem. Die Regierungen sollen ihre „Verpflichtungen gegenüber den internationalen Menschenrechtsvereinbarungen und Umweltabkommen" einhalten. Hier wird die mangelnde Umsetzung der UN-Menschenrechtsverträge zur Sprache gebracht. Neben der formellen Ratifizierung der Verträge stellt auch die konkrete Umsetzung der Inhalte durch die Regierungen einen Schwachpunkt im internationalen Menschenrechtssystem dar.

Durch die große Bandbreite an Beispielen für die Menschenrechtsmissachtungen von neoliberaler Globalisierung und ihrer Akteure wird die *These der systematischen Missachtung* weiter untermauert. Durch neoliberale Globalisierung sind nicht nur die Grundlagen des menschlichen Lebens gefährdet (z.B. durch Privatisierung von öffentlichen Gütern oder Militarismus), es werden auch Diskriminierungs- und Gewaltmechanismen in den unterschiedlichsten Lebenskontexten verstärkt. Internationale Akteure wie der IWF, die Weltbank oder die NATO sind die Hauptverantwortlichen bei der „Verbreitung" neoliberaler Denkart und unterminieren demokratische Werte. Ökonomische Größen wie Geld und Waren stehen in der Prioritätenliste dieser Akteure vor Menschenrechten. Würden demokratische und soziale Rechte geachtet werden, wäre die Durchsetzung neoliberaler Politikentwürfe nicht möglich. Ein Beispiel ist die exportorientierte Landwirtschaft in Entwicklungsländern. Lokale Marktstrukturen werden zerstört und Kleinbauern die Lebensgrundlage entzogen, was gegen Menschenrechte wie dem Recht auf Ernährung verstößt. Große Bauprojekte wie Staudämme führen zur Zwangsumsiedlung Tausender Menschen und stellen nicht nur eine Missachtung politischer Mitbestimmungsrechte dar, sondern auch dem Recht auf freie Wohnsitzwahl und dem Recht auf ein geschütztes Privatleben.

Die Vision von einer anderen Welt wird auch in diesem Text beschrieben als Bild einer Gesellschaft, die sich nicht dem Credo des Neoliberalismus von Macht und Geld verschrieben hat. Grundwerte wie Menschenrechte, Demokratie und Lebensqualität, Gleichheit und Frieden sollen die Prinzipien dieser anderen Welt bilden. Mittels Solidarität und kollektivem Widerstand soll sich soziale Bewegungen auf der ganzen Welt gegen die derzeitige Globalisierung des Neoliberalismus zusammenschließen.

8.3. Abschlusserklärung Porto Alegre 2002 (2. WSF)

(http://www.weltsozialforum.org/2002/abschlusserklaerung/print.html [24.02.2004] Vollzitat s. Anhang)

Die Abschlusserklärung des zweiten Weltsozialforums nahm angesichts der Ereignisse des 11. September 2001 einen neuen Aspekt in ihre Themenliste auf; den Krieg gegen den Terrorismus. Die Terroranschläge selbst werden vom WSF verurteilt, jedoch wird der von den USA und ihren Verbündeten geführte Kampf gegen den Terrorismus als eine weitere Verletzung von bürgerlichen und politischen Rechten bezeichnet. Die bereits geführten und geplanten Kriege versetzen die Welt in einen „permanenten globalen Krieg". Wichtig dabei ist, dass sich dieser Krieg als ein Teil des Neoliberalismus präsentiert (Punkt 4). Er wird von den kriegführenden Mächten dazu benutzt, ihre Hegemonie auf der Welt zu festigen. Krieg gegen Terror ist nicht nur ein Resultat neoliberaler Ideologie, sondern auch ein Mittel, diese auf der Welt zu verbreiten. Die Erklärung besteht aus 16 Punkten und einem Schlussteil. Der Text greift wiederum die Thesen von der Konzentration des Reichtums, der Globalisierung der Armut und der Zerstörung der Erde auf (Punkt 1 und 2). Das derzeitige Weltsystem stützt sich auf das Patriarchat, Rassismus und Gewalt und weist den Interessen des Kapitals mehr Bedeutung zu als den „Bedürfnissen und Erwartungen der Völker". Dieses System führt zur Entsolidarisierung unter den Menschen und erzeugt soziale Problemlagen wie mangelnde Gesundheitsvorsorge, Hungersnöte und Landflucht. Die „Megaentwicklung" des wirtschaftlichen Fortschritts steht im Widerspruch zur Würde des Lebens.(Punkt 3)
Als Beispiel für die Dringlichkeit des Widerstandes wird die Lage in Argentinien genannt. Die diktierten Strukturmaßnahmen des IWF verschärften soziale und politische Krisen in diesem Land, was zu Protesten der Bevölkerung führte.(Punkt 6)
Multinationale Konzerne und Regierungen machen gemeinsame Sache wenn es um neoliberale wirtschaftliche Interessen geht, wie zum Beispiel die USA, die

US-Konzerne schützen, indem sie sich dem Kyoto-Protokoll entziehen (Punkt 8).
Der Schlüsselsatz des Textes lautet: „**Das neoliberale ökonomische Modell zerstört die Rechte, die Lebensbedingungen und den Lebensstandard der Völker**"(Punkt 10). Multinationalen Konzerne und Regierungen, die die Beschneidung von Arbeiterrechten und die Privatisierung der Wirtschaft vorantreiben, sind die Hauptakteure und versuchen durch Versprechen von Wirtschaftswachstum und Prosperität über die wahren Auswirkungen hinwegzutäuschen.
In Wirklichkeit verstärkt neoliberale Politik globale Unsicherheit und Migration. Dabei werden Würde und Rechte der MigrantInnen ignoriert, wie das Recht auf Bewegungsfreiheit, das Recht auf physische Integrität, und in diesem Zusammenhang auch die Rechte von UreinwohnerInnen (Punkt 12).
Wie schon in den vorhergehenden Dokumenten wird die Schuldenlast der südlichen Länder als Herrschaftsinstrument des Westens genannt. Die Schuldenpolitik beraubt die Völker ihrer fundamentalen Menschenrechte und fördert die Ausbeutung von ökologischen und humanen Ressourcen. Das WSF fordert eine Schuldenstreichung und eine Wiedergutmachung der durch den Norden bisher verschuldeten Schäden in den Ländern des Südens. (Punkt 13)
Die herrschende Entwicklungspolitik, die von der WTO mitverantwortet wird, dient nur den Interessen multinationaler Konzerne. Die WTO ist deshalb als internationale Institution illegitim. Sie hat sich die Kommerzialisierung von Nahrung, öffentlichen Dienstleistungen, Landwirtschaft, Gesundheit, Bildung und Gene zum Ziel gesetzt. Die Abkommen der WTO bedeuten die Zerstörung fundamentaler Werte in sozialer, ökonomischer, kultureller und ökologischer Hinsicht. (Punkt 15)
Als Widerstand zu diesem System fordert das WSF die Anerkennung des Rechts auf Gegenwehr, was ArbeiterInnenrechten, das Recht auf Gewerkschaftsbildung und schließlich das Recht auf kollektiven Widerstand mit einschließt. (Punkt 11)
Der Schutz der Biodiversität ist dabei eine wichtiger Aspekt, denn nur so können fundamentale Menschenrechte wie dem Recht auf Nahrung auf nationaler und regionaler Ebene gewahrt werden.(Punkt 14)
Der Kampf des WSF richtet sich nach den Grundsätzen sozialer Gerechtigkeit, dem Respekt von Recht und Freiheit, Lebensqualität und Gleichheit, Würde und Frieden. Die programmatischen Zielsetzungen sind unter anderem die Verbreitung von Demokratie durch die Einführung des Wahlrechts, der Schuldenerlass für die Länder des Südens, die Einführung der *Tobin Tax* (Besteuerung von internationalen Finanztransaktionen), gewaltlose Konfliktmechanismen in der Politik, eine sozial ausgerichtete Europäische Union, und der freien Zugang zu öffentlichen Gütern wie Bildung. (Punkt 16)

Die dezidierte Nennung von Menschenrechten ist in dieser Erklärung des zweiten WSF sehr umfangreich: Es sind dies *„zivile und politische" Rechte* (Punkt 4); das *Recht auf physische Integrität* (Punkt 12); das *Recht auf Ernährung* (Punkt 14); *ArbeiterInnenrechte* (Punkt 10); das *Recht auf gewerkschaftliche Betätigung* (Punkt 11); das *Recht auf Gegenwehr* (Punkt 11); das *Recht auf kollektiven Widerstand* (Punkt 11); das *Recht auf Bewegungsfreiheit* (Punkt 12); die *„Rechte der Ureinwohner"* (Punkt 12); das *Recht auf politische Transparenz* und die *Rechte der Jugend auf freie Bildung* (Schlussteil). Das *Recht auf Gegenwehr* wird dabei in Zusammenhang mit dem Streikrecht gesehen.

Als Menschenrechtssubjekte werden kollektive Träger genannt wie Völker. Die normative Prägung der verwendeten Menschenrechte ist naturrechtlich ausgerichtet, wobei vor allem die „Würde des Lebens" ein gängiges Motiv des Textes ist.

Die These der systematischen Missachtung wird hier veranschaulicht am Beispiel des Krieg gegen den Terrorismus. Unter dem Vorwand des Schutzes der Menschenrechte verfolgen Staaten wie die USA ihre Eigeninteressen mit militärischer Gewalt. Hier steht die neoliberale Ideologie in Zusammenhang mit Krieg, der die elementarste Form von Menschenrechtsverletzungen darstellt. Aber nicht nur der Angriffskrieg ist hier gemeint, sondern auch Maßnahmen der nationalen Sicherheit, die Bürgerrechte beschneiden.

Neben dem Anti-Terror-Krieg bleibt das neoliberale Wirtschaftsmodell die Hauptursache für Menschenrechtsmissachtungen, da es die Rechte und Lebensgrundlagen der Menschen global zerstört. Als Hauptakteure werden wiederum die WTO, die G-8 und der IWF aus, weiters multinationale Konzerne und Regierungen, die im neoliberalen Sinne handeln, genannt. Durch die Ökonomisierung aller Bereiche des Lebens werden grundlegende Bedürfnisse wie Nahrung, Gesundheit, aber auch soziale Errungenschaften wie Bildung und öffentliche Dienstleistungen privatisiert und so beschränkt zugänglich. So werden fundamentale Menschenrechte beschnitten. Neben dieser allgemeinen Darlegung geht die Erklärung auch auf spezifische Themen ein, wie dem Problem des Frauenhandels oder der Gefährdung der Rechte von indigenen Völkern. Hier wird die neoliberale Staatspolitik als verantwortliche Kraft ausgemacht. Vor allem die neoliberale Migrationspolitik missachte die Rechte und Würde von MigrantInnen.

Eine globale Solidaritätsbewegung ist die Lösung dieser weltweiten Fehlentwicklung. Dabei ist Pluralismus ein wichtiger Aspekt dieser Bewegung. Die Alternative ist „eine andere Welt", in der soziale Gerechtigkeit und Frieden herrscht. Um dies zu erreichen, muss erst das Recht auf kollektiven Widerstand verwirklicht werden. Die Demokratie wird dabei als notwendiges Mittel zur Bekämpfung von Ungleichheit und Ungerechtigkeit angesehen. Dabei ist die nationale Gesetzgebung genauso wie supranationale (z.B. EU) dazu angehalten, demokratische Werte umzusetzen und neoliberaler Politik entgegenzulenken. Hier wird also der politische Ansatz deutlich gemacht, dass institutionelle Politik gegenüber wirtschaftlichen Interessen von Global Players tätig werden kann und soll.

8.4. Abschlusserklärung Porto Alegre 2003 (3.WSF)

(http://www.weltsozialforum.org/2003/2003.wsf.1/2003.wsf.erklaerung/print.ht ml [24.02.2004] Vollzitat s. Anhang)
Die Erklärung des dritten Weltsozialforums greift im Großen und Ganzen die Thesen des vorigen WSF auf. Im Mittelpunkt steht der weltweite Antikriegstag am 15.Februar, der Kampf gegen die WTO und Freihandelszone ALCA und die Verbesserung des WSF-Netzwerkes. Das von mir verwendete Internetdokument besteht aus Auszügen aus der Erklärung des dritten WSF vom 27. Januar 2003.
Die Neoliberale Globalisierung ist in der Krise und hat soziale und wirtschaftliche Ungleichheiten auf der Welt hervorgebracht. Diese Entwicklung bedroht die Rechte und das Leben der Menschen und die Natur.
Militarismus in Verbindung mit neoliberaler Globalisierung stellt die Bedrohung für Menschenrechte dar und dient dazu, anderen Ländern das „neoliberale Modell" aufzuzwingen. Die Handelsliberalisierung, die von der WTO und durch die Einrichtung von Freihandelsabkommen angestrebt wird, macht alle Aspekte des Lebens zur Ware und beraubt die Menschen ihrer Grundrechte.
Multinationale Konzerne benutzen die WTO und Freihandelsabkommen zur Beherrschung der Wirtschaft und zur Oktroyierung eines Entwicklungsmodells, das zu Verarmung ganzer Gesellschaften führt. Wiederum wird die Schuldenstreichung als eine Grundvoraussetzung für die Gewährleistung von Menschenrechten in den Ländern des Südens gesehen.
Die WTO und die G-8 werden als Hauptvertreter von illegitimer neoliberaler Politik ausgemacht. Es wird zu Widerstand gegen das kommende WTO-Ministertreffen in Cancún aufgerufen.
Die soziale Bewegung des WSF setzt sich ein für eine internationale Zusammenarbeit, die Frieden gewähren soll und die Bedürfnisse der Menschen erfüllen kann. Dabei werden „Lebensrechte" genannt wie Essen, Unterkunft, Gesundheit, Erziehung, Information, Wasser, Energie und die Benutzung öffentlicher Verkehrsmittel. Als Grundlage dieser anderen Welt werden die Werte Demokratie, soziale Gerechtigkeit, Bürgerrechte, Rechte der Völker und explizit Menschenrechte genannt. Das Mittel des Widerstandes ist die Solidarisierung von progressiven Bewegungen und Organisationen der ganzen Welt.
Explizit genannte Rechte in dieser Erklärung sind: Bürgerschaftliche Rechte, Menschenrechte, das Recht der Völker auf Selbstbestimmung, Lebensrechte und Grundrechte. Das heißt hier werden Unterkategorien von Menschenrechten

neben dem Begriff der Menschenrechte genannt, meines Erachtens um die Bedeutungsvielfalt des Menschenrechtsbegriffes nochmals zu unterstreichen. Als RechtsträgerInnen werden BürgerInnen und Völker genannt, also ein Zugeständnis sowohl an individuelle als auch kollektive Menschenrechte.

8.5. Abschlusserklärung Mumbai 2004 (4.WSF)

(http://www.weltsozialforum.org/2004/2004.wsf.1/2004.wsf.erklaerung/print.ht ml [25.02.2004] Vollzitat s. Anhang)

Untertitel: Aufruf der sozialen Bewegungen und Massenorganisationen

Zu Beginn des Textes wird der Kampf gegen das neoliberale System als ein Hauptziel der sozialen Bewegungen bekräftig, da dieses wirtschaftliche, soziale und ökologische Krisen verursacht hat und Krieg produziert. Die Mobilisierung von globalisierungskritischen Bewegungen hat dazu geführt, dass die Diskrepanzen des Neoliberalismus aufgedeckt wurden. Der Widerstand, der sich 1999 in Seattle oder im mexikanischen Bundesstaat Chiapas zeigte, hat zum „Sieg über die WTO" in Cancún geführt. (Bei diesem WTO-Treffen war es zu keiner Einigung zwischen den Mitgliedsstaaten bezüglich weiterer Handelsliberalisierungen gekommen)

Der Irakkrieg missachtet das Recht der Irakis auf Selbstbestimmung und offenbarte die Zusammenhänge zwischen Militarismus und wirtschaftlicher Hegemonie durch Multinationale Konzerne. Der Kampf gegen den Terrorismus mündet in Staatsterrorismus und der Einschränkung von Bürgerrechten und demokratischen Freiheiten..

Der globale Kapitalismus ist in einer Legitimitätskrise und braucht deshalb Gewalt und Krieg, um sich weiterhin behaupten zu können.

Die Verschuldung der Länder des Südens wird von Regierungen, Multinationalen Konzernen und Finanzorganisation benutzt, um eine Öffnung der Entwicklungsländer für den Weltmarkt voranzutreiben. Ein Schuldenerlass ist die Voraussetzung zur Erfüllung wirtschaftlicher, sozialer, kultureller und politischer Rechte in den betroffenen Ländern.

Die Staaten der G8, der IWF und die Weltbank tragen die Hauptverantwortung für die Ausbeutung von Gemeinschaften. In diesem Zusammenhang wird auch die WTO und die geplanten Freihandelsabkommen als zu bekämpfender Feind genannt.

Öffentliche Güter und natürliche Ressourcen wie Wasser werden privatisiert und sind teilweise an transnationale Konzerne übergeben worden. Vor allem der Kampf für das Recht auf Wasser ist für das WSF ein Anliegen. In diesem Zusammenhang wird auch die Altersvorsorge genannt, die in vor allem in Europa als Teil von sozialer Absicherung ein schützenswertes Gut darstellt.

Das WSF setzt sich ein für soziale Gerechtigkeit, dem öffentlichen Zugang zu natürlichen Ressourcen, für Menschen- und Bürgerrechte, partizipative

Demokratie, ArbeiterInnenrechte, Frauenrechte und das Recht der Völker auf Selbstbestimmung.
Wichtig ist die Feststellung, dass die Diskriminierung von Frauen aufgrund kultureller und religiöser Praktiken verurteilt wird. Dadurch wird einem Kulturrelativismus hinsichtlich Frauenrechten der Riegel vorgeschoben. Im Text sind dann noch einige Aufruf zu Kundgebungen enthalten, wie zum Beispiel dem Frauentag am 8. März oder dem Protesttag gegen Krieg am 20 März.
Die wörtliche Darstellung von Menschenrechten erfolgt in diesem Dokument durch folgende Begriffe: Menschen- und Bürgerrechte, Rechte der ArbeiterInnen, Frauenrechte, das Selbstbestimmungsrecht der Völker, ein Recht auf Reparationen (wobei dies kein international verankertes Menschenrecht ist), wirtschaftliche, soziale, kulturelle und politische Rechte und das Recht auf Wasser. Es kommen also alle drei Menschenrechtsgenerationen zum Ausdruck, wobei diese einerseits abstrakt dargestellt werden und andererseits näher erläutert werden wie zum Beispiel das Recht auf Wasser. Bei der näheren Argumentation werden Menschenrechte eher in Zusammenhang mit Grundbedürfnissen und menschlichen Lebensgrundlagen gesetzt als mit politischer Teilhabe oder Bürgerrechten. Dies folgt aus der Argumentation, dass internationale wirtschaftliche Akteure wie die WTO, Weltbank und TNKs Raubbau an natürlichen Ressourcen betreiben. Wie die Texte der vorhergehenden Weltsozialforen werden auch hier diese internationalen Organisationen als Haupttäter für die Missachtung von Menschenrechten gesehen. Das Hauptargument ist, dass diese Institutionen, zu denen auch Regierungen gehören, wirtschaftliche und imperialistische Interessen zu ihrem Nutzen verfolgen und so die Rechte anderer Menschen mit Füßen treten.
Der Kampf gegen die neoliberale Globalisierung und ihrer zahlreichen Komponenten soll letztendlich soziale Gerechtigkeit, Menschenrechte, partizipative Demokratie und Selbstbestimmung der Völker bringen. In internationaler Kooperation soll Frieden gewährleistet werden und der Zugang zu öffentlichen Ressourcen für alle Menschen. Die Lebensgrundlagen der Menschen dürfen nicht länger in den Händen von neoliberalen Wirtschaftsinstitutionen wie der WTO liegen. Durch den Widerstand des Netzwerkes von sozialen Bewegungen auf der ganzen Welt sollen diese Ziele erreicht werden.

8.6. Abschlusserklärung Porto Alegre 2005 (5.WSF)
Aufruf der Sozialen Bewegungen zur Mobilisierung gegen Krieg, Neoliberalismus, Ausbeutung und Exklusion. (Zusammenfassung)

(http://www.weltsozialforum.org/2005/2005.wsf.1/2005.wsf.erklaerung/index.ht ml [18.02.2005] Vollzitat s. Anhang)

Dieses Dokument ist ein Aufruf der „Sozialen Bewegungen", ein eigenes Forum bestimmten Gruppen des WSF, und stellt eine Liste der Themen und Aktionen der Sozialen Bewegungen dar. Es wurde am 31. Januar 2005 in Porto Alegre erstellt und besteht aus 24 Punkten.

Als einleitender Satz wird betont, dass der Neoliberalismus „unfähig ist, der Menschheit eine würdige (...) und demokratische Zukunft zu bieten".

In diesem Sinne stellen die darauf folgenden Punkte eher eine Handlungsanweisung und einen Forderungskatalog für eine gerechtere Zukunft dar, als eine Analyse der Probleme des Neoliberalismus. Es lassen sich aber dennoch daraus Zusammenhänge von Neoliberalismus und Menschenrechtsverletzungen ableiten. Als erster Punkt wird eine schon erwähnte Schuldenstreichung gefordert, die nächsten zwei Punkte beinhalten die Forderung des Endes des Irakkrieges und die Demilitarisierung der Welt. Menschenrechte kommen zur Sprache in Bezug auf Wasser, Ernährung und Migration. Das *Recht auf Ernährung* ist ein Kollektivrecht, das Völkern, Nationen und dezidiert Bauern zukommt. Dieses wird bedroht durch Exportbeihilfen und Agrar-Dumping, aber auch durch Gentechnik im Lebensmittelbereich und der Dominanz von Multinationalen Konzernen (Punkt 8). Das *Recht auf Wasser* wird durch Privatisierung öffentlicher Dienstleistungen bedroht (Punkt9). Rechte von MigrantInnen und Flüchtlingen werden durch den Krieg gegen den Terror missachtet und der inneren Sicherheit eines Staates geopfert. Dabei wird betont, dass derartige Rechte bereits in einer UN-Konvention enthalten sind und auf eine Ratifizierung warten (Punkt 16). Weiters wird das Recht auf ein Leben in Würde genannt, und es wird in Zusammenhang mit Unterdrückten und aus dem System Ausgeschlossenen genannt. Die Bedrohung von Menschenrechten durch neoliberale Politik wird also einerseits in der Freihandelsdoktrin der Wirtschaft gesehen, was sich vor allem auf die Agrarsubventionen von Industriestaaten bezieht, als auch auf den Einfluss wirtschaftlicher Akteure wie Multinationaler Konzerne. In diesem Sinne ist auch die Privatisierung öffentlicher Dienstleistungen wie die Wasserversorgung eine Missachtung von Menschenrechten.

9. Die These der systematischen Missachtung

Die eben dargestellten Dokumente der Weltsozialforen von 2001 bis 2005 sind eine Mischung aus politischer Kampfschriften und Analysen, die die Zusammenhänge von neoliberaler Globalisierung und Missständen auf der Welt aufzeigen sollen. Die verwendete Sprache ist teilweise sehr pathetisch, was aber dadurch zustande kommt, dass die Aussagen sehr konzentriert auf den Punkt gebracht werden müssen, um entsprechenden Eindruck bei dem Leser/ der Leserin zu erzeugen. In ihrer Dynamik erinnern die Texte an typische Menschenrechtserklärungen wie die des 18. Jahrhunderts. Das Menschenrechtskonzept, das die VertreterInnen der WSF-Treffen in ihren Dokumenten verwenden, ist weit gefasst. Es beinhaltet naturrechtliche Begriffe wie Freiheit und Gleichheit, aber auch sozioökonomische Dimensionen von Menschenrechten und ihre Bedeutung für die menschlichen Grundbedürfnisse und das Leben an sich. In diesem Sinne kommen auch alle drei Menschenrechtsgenerationen quantitativ in gleichem Maße zur Sprache. Geht es jedoch um die nähere Erläuterung ihrer Bedeutung oder Missachtung, so werden Menschenrechte der zweiten und dritten Generation bevorzugt. Bürgerliche Freiheitsrechte wie das Recht auf individuelle Lebensgestaltung kommen gar nicht zur Sprache. Die erste Menschenrechtsgeneration wird vor allem im Zusammenhang mit politischer Partizipation und Lebensrechten mit einer kollektiven Ausrichtung genannt. Die am häufigsten verwendeten Menschenrechte sind das *Recht auf Leben*, das *Recht auf physische Integrität*, das *Recht auf Bewegungsfreiheit*, das *Recht auf Gesundheit*, das *Recht auf Ernährung*, *ArbeiterInnenrechte*, das *Recht auf Wasser*, das *Recht auf kollektiven Widerstand*, das *Recht auf gewerkschaftliche Organisierung*, das *Informationsrecht* und das *Selbstbestimmungsrecht der Völker*.

Die *Charta der Prinzipien*, die nach dem ersten WSF in Porto Alegre 2001 verfasst wurde, benutzt beispielsweise einen allgemein gehaltenen Menschenrechtsbegriff ohne explizite Nennung spezifischer Rechte. Die Abschlusserklärung des Weltsozialforums 2002 nimmt - entsprechend der Geschehnisse des 11. September - Bezug zu Krieg und Militarismus, die eine Bedrohung der Menschenrechte darstellen.

Neben diesen bereits völkerrechtlich verankerten Menschenrechten werden auch „neue" Rechte gefordert, die nicht explizit in gängigen Menschenrechtsverträgen zu finden sind. Es ist dies zum Beispiel das „Recht auf politische Transparenz"(Abschlusserklärung 2002), das sich im Grunde aus politischen Teilhaberechten ableiten lässt.

Diese Menschenrechte sind einerseits Teil der progressiven Forderungen des WSF und andererseits Teil ihrer Argumentation von der zerstörerischen Wirkung neoliberaler Globalisierung.

Die Kernaussage, die ich aus den Dokumenten herausfiltern konnte, bezeichne ich als die **These der systematischen Missachtung.** Diese besagt, dass nicht nur ein Antagonismus zwischen völkerrechtlich verankerten Menschenrechten und dem Prozess neoliberaler Globalisierung besteht, Menschenrechte werden auch bewusst von Akteuren neoliberaler Politik missachtet. Das derzeit herrschende neoliberale Weltwirtschaftssystem, das aufbaut auf dem Credo der freien Marktwirtschaft, der Deregulierung von Politik und imperialistischen Hegemoniebestrebungen kann nur aufrechterhalten werden, weil Menschenrechte systematisch verletzt werden. Vor allem wirtschaftliche Interessen von Global Players wie TNKs oder WTO und IMF werden durchgesetzt, indem grundlegende Rechte von Menschen in verschiedenen Regionen der Erde übergangen werden. Ein Beispiel wäre das Recht auf Wasser, das sehr oft in den WSF-Texten erwähnt wird. Es ist vor allem in letzter Zeit durch die Privatisierung des Dienstleistungssektor gefährdet ist. In Ländern der Dritten Welt wird die Wasserversorgung in die Hände von Konzernen gegeben, die für ihren eigenen Profit arbeiten (der meist in die Industrieländer fließt) und im betroffenen Land das lebensnotwendige Gut zu einem Luxusgut machen.

Die globalen Entwicklungen von Handelsliberalisierung, Deregulierung und Informalisierung von Politik und Militarismus haben Auswirkungen auf die grundlegendsten Lebensbereiche, sowohl in den Industriestaaten als auch den Ländern der Dritten Welt. Auch wenn die Auswirkungen unterschiedlich schwer sind, so sind sie doch alle gekennzeichnet durch die Beschneidung von Rechten. Dies umfasst Basisrechte wie dem Recht auf ein würdevolles Leben ebenso wie politische Rechte (Versammlungsfreiheit, Partizipationsrecht), wirtschaftliche, soziale und kulturelle (Recht auf Ernährung, auf soziale Unterstützung, Recht auf Bildung) und Kollektivrechte (Selbstbestimmungsrecht der Völker).

Die Texte der Weltsozialforen sind in ihrer Argumentationslinie sehr akteursbezogen, wobei Verantwortliche für die kritisierten Entwicklungen ausgemacht werden, die es dann zu bekämpfen gilt. Die Hauptakteure neoliberaler Globalisierung sind internationale Organisationen wie die Weltbank, der IWF, die Welthandelsorganisation, bestimmte Regierungen wie die der USA, multinationale Konzerne und andere Finanzakteure. Diese „globale Elite" bedient sich der „Herrschaft des Kapitals" und erklärt politische Leitmotive wie soziale Gerechtigkeit als überholt. Die Erscheinungsformen dieser neoliberalen Wirtschaftshegemonie sind nicht immer leicht auszumachen. So ist der Anti-Terrorkrieg scheinbar ein Einsatz für Werte wie Freiheit, doch bei Betrachtung der Zusammenhänge zeigt er seine imperialistischen Absichten.

Als Lösung für diese Fehlentwicklungen wird in den Texten der Aufbau einer globalen Gesellschaft angestrebt, die auf Solidarität und dem Prinzip der

Menschenrechte basiert. Mittels demokratischer Institutionen soll soziale Gerechtigkeit und Frieden zwischen den Völkern gewährleistet werden. Partizipatorische Demokratie wird als Voraussetzung für die Bekämpfung von Ungerechtigkeit betrachtet. Bei der Argumentation finden vor allem die Würde des Menschen und seine daraus resultierenden Rechte häufigen Gebrauch. Die Erfüllung von Menschenrechten wird in den Texten als eine Grundbedingung für eine gerechtere Welt dargestellt. Menschenrechte sind also nicht nur Opfer fehlgeleiteter Politik sondern können auch zu Triebfedern emanzipatorischer Politik werden.

Als Abschluss meiner Untersuchung werde ich nun die These der WSF-Erklärungen auf ihre Plausibilität überprüfen, indem ich sie mit meinen bereits dargestellten Überlegungen zu neoliberaler Ideologie und Globalisierung in Verbindung setze.

10. Fazit

Betrachtet man die Einzelaspekte neoliberaler Ideologie und ihre Folgen, so lassen sich etliche Beweise für die Richtigkeit der *These der systematischen Missachtung* finden.

Die Privatisierung von sozialen Problemlagen als ein neoliberales Credo führt zur Auflösung kollektiven Problemdenkens und Lösungsansätzen. Gerade dieses Bewusstsein ist aber nötig, um einen effektiven internationalen Menschenrechtsschutz zu gestalten. Menschenrechtspolitik setzt ein progressives und demokratisches Politikverständnis voraus, während die neoliberale Neukonstitution von Politik dem entgegensteht. Dabei spielt die Neuvermessung politischer Aktionsräume eine entscheidende Rolle. Der Staat als ein Kurator sozialer Gerechtigkeit hat ausgedient und das Primat der Wirtschaft hat progressive soziale Politik verdrängt. Die Kosten-Nutzen-Rechnung verlangt einen schlanken Staat, da sich das Modell des Wohlfahrtsstaates als ineffizient erwiesen habe. Der Staat hat gegenüber dem Markt an Lenkungsmacht eingebüßt und darf auch nicht in das freie Spiel der Kräfte eingreifen. So werden soziale Ungleichheiten als ein Nebenprodukt des Marktprinzips hingenommen. Dabei ersetzen konservative Werte und Moral soziale Werte wie Gerechtigkeit und Solidarität. Der Sozialdarwinismus und das Konkurrenzprinzip neoliberaler Ideologie bedeuten das Ende der Solidargemeinschaft, da gesetzliche Regelungen scheinbar nicht mehr nötig sind. Reprivatisierungsmechanismen machen aus sozialen Problemlagen individuelle, die der einzelne/ die einzelne nur aus eigener Kraft bewältigen kann. Mögliches Versagen liegt der persönlichen Konstitution zugrunde und nicht etwa strukturellen Bedingungen. Wer Sozialleistungen in Anspruch nimmt, sieht sich mit dem Vorwurf des Sozialschmarotzertums konfrontiert und wird als „asozial" bezeichnet. Solche Denkmuster unterhöhlen vor allem Menschenrechte der zweiten Generation, die die materiellen Lebensbedingungen des Menschen schützen.

Individualismus könnte als ein Imperativ für Menschenrechtspolitik gesehen werden, da die Betonung auf der Freiheit des Individuums liegt. Aber im Zusammenhang mit der Deregulierung von Politik bedeutet dies lediglich eine Individualisierung von sozialen Risiken und führt zur persönlichen Freiheit in ihrer äußersten Form. Der Mensch ist also nicht nur frei von staatlicher Bevormundung, sondern auch frei von staatlicher Unterstützung. Weiters kann das Recht auf Eigentum als ein typisches Freiheitsrecht dem Profitdenken von Vermögenden dienen und zur Beschneidung sozioökonomischer Rechte benutzt werden.

Durch den hegemonialen Diskurs von neoliberaler Ideologie und Marktradikalismus wird mögliche Kritik marginalisiert und progressiver Politik kein Raum gelassen. Findet dieser Diskurs auch Einzug in internationale Organisationen wie die UNO, die für die Normensetzung und die Überwachung von Menschenrechten zuständig ist, bedeutet dies eine Absage an progressive Menschenrechtspolitik. Die scheinbare Naturgesetzmäßigkeit globaler Entwicklungen wie die Handelsliberalisierung macht emanzipatorische Politik scheinbar überflüssig oder wirkungslos. Außerdem fördert der Machteinfluss von Global Players wie TNKs die Informalisierung von Politik im internationalen Bereich, was einer Entdemokratisierung von Politik gleichkommt. In Organisationen wie der Welthandelsorganisation wird solchen Konzernen eine Lobby geboten, um ihre Wirtschaftsinteressen durchzusetzen. Dies geschieht auf Kosten nationalstaatlicher Politik, denn sehr oft werden Staaten dazu gezwungen, strenge Regelungen zugunsten von investierenden Konzernen aufzulockern. Der Staat verliert also auch in internationalen Beziehungen an Gestaltungsmacht. Dies wirkt sich direkt auf das Menschenrechtssystem aus, denn der Staat ist noch immer die erste Instanz bei der Umsetzung von Menschenrechtsverträgen.

Ein sehr greifbares Argument für die Menschenrechtsfeindlichkeit neoliberaler Globalisierung sind die Folgen, die internationale Wirtschaftspolitik nach sich zieht. Akteure wie WTO, IWF und Weltbank stellen Profitdenken über ethische Grundsätze und übergehen die gesellschaftlichen und sozialen Konsequenzen ihrer Politik. Ein Beispiel dafür sind die Strukturanpassungsmaßnahmen, die in Entwicklungsländern zu einem Abbau von Sozialpolitik führen. Diese Maßnahmen dienen den Interessen von internationalen Wirtschaftsakteuren und werden durch die Missachtung von Menschenrechten durchgesetzt. Vor allem die Privatisierung öffentlicher Güter im Zuge der Handelsliberalisierung schließt ärmere Bevölkerungsteile von einem freien Zugang zu Ressourcen wie Wasser ab. Die Gefährdung von Menschenrechten erfolgt meist von mehreren Seiten. So wirkt beispielsweise in Ländern des Südens die Schuldenpolitik zusammen mit Strukturanpassungsprogrammen von Weltbank und IWF und der Freihandelsabkommen, die im Zuge von WTO-Verhandlungen getroffen werden.

Als Einspruch gegen die These der systematischen Missachtung könnte man bereits bestehende Verhaltenskodices für transnationale Konzerne ins Feld führen. Hier wäre der bereits erwähnte *Global Compact* der UNO zu nennen, der ein Bekenntnis der Konzerne zu gewissen Grundnormen im Arbeitsrecht und soziale Leitlinien enthält. Dieses Argument lässt sich aber leicht entkräften, da dieses Abkommen nicht bindend ist und von Konzernen dazu missbraucht wird, sich ein humaneres Image zuzulegen.
Betrachtet man den Prozess der Globalisierung als eine Universalisierung von Normen und Werten, so kann auch der Bereich der Menschenrechte von einer Globalisierung profitieren. Dabei ist aber einzuwenden, dass das gegenwärtige System des Menschenrechtsschutzes Probleme in der praktischen Umsetzung hat, und die bloße Globalisierung von Menschenrechtsnormen noch lange nicht eine Verwirklichung derselben bedeutet. Die Einbettung von Menschenrechten in ein globales System von neoliberaler Ideologie und Freihandelspolitik führt diese ad absurdum. Weiters kann entgegnet werden, dass die Menschenrechtsidee für kulturimperialistische Absichten missbraucht wird. Vor allem in Zusammenhang mit dem Krieg gegen Terrorismus ist also Vorsicht angebracht, wenn mit Werten wie Freiheit und Gerechtigkeit argumentiert wird.

Ich sehe die *These der systematischen Missachtung* bestätigt und schließe mich den Aussagen der *Weltsozialforen* an. Die derzeitigen weltweiten Entwicklungen, die bestimmt werden von einer Politik der Kapitalakkumulation und dem Primat der Wirtschaft gepaart mit neoliberalen Denkmustern, bringen Menschenrechtsverletzungen verschiedenster Formen mit sich. Diese sind dabei nicht nur ein Nebenprodukt verfehlter Politik, sondern geschehen im vollen Bewusstsein der Handelnden. Staaten selbst machen schon Werbung damit, dass sie arbeitsrechtliche Schutzbestimmungen beschneiden, um ausländische Investoren ins Land zu holen. Und dieses Beispiel ist nur ein kleiner Aspekt von Menschenrechtsmissachtungen. Die neoliberale Umstrukturierung von Politik und politischen Werten in Richtung Informalisierung, Deregulierung und Ökonomisierung betrifft direkte Lebensgrundlagen genauso wie politische Partizipationsrechte.
Der Prozess der Globalisierung ist in der heutigen Form eine neue Art von Imperialismus und Hegemonie, ausgeübt nicht nur von internationalen Akteuren, sondern auch verankert in öffentlichen Diskursen, Denkarten und Wissenschaftsdiskursen. Insofern ergänze ich die Überlegungen der WSF, die akteurszentrierte Sichtweise zu erweitern um den Aspekt von Denk- und

Handlungsmustern. Eine Wirtschaftspolitik à la WTO wäre nicht möglich, würden nicht die handelnden Personen gewisse Normen und Werte einer Gesellschaft verinnerlicht haben. Ebenso ist der Wahlerfolg einer konservativen und neoliberal ausgerichteten Partei nur möglich, weil die Mehrheit der Wählerschaft deren politisches Programm goutiert. Dabei sind sich leider die wenigsten dieser WählerInnen der Reichweite und Bedeutung jener politischen Agenda bewusst.

Die Aufrufe der Weltsozialforen, gegen internationale Institutionen und deren Vorhaben Widerstand zu leisten - sei es durch Demonstrationen und anderem Aktionismus - ist ein wichtiger Aspekt von oppositioneller Politik. Auf Dauer ist es aber ebenso wichtig, politische Vorgänge und Probleme in regionalen Zusammenhängen zu betrachten, um zu sehen, wie sich neoliberale Ideologie gesellschaftlich durchsetzt.

Eine Möglichkeit, der derzeitigen Politik gegenzusteuern wäre eine Reform der internationalen Institutionen wie IWF und WTO. Diese müsste aber so radikal sein, dass deren eigentlichen Prinzipien wie die Freihandelsdoktrin neu überdacht werden müssen. Eine Richtungsänderung um 180 Grad ist so schnell nicht zu erwarten.

Eine Möglichkeit der Verringerung von Menschenrechtsverletzungen wäre die Verpflichtung von Global Players zu Menschenrechtsverträgen, die einem Marktradikalismus Grenzen setzen. Dazu muss aber eine konsequente Überwachung der Einhaltung erfolgen. Ein zwangloses Bekenntnis wie es der *Global Compact* der UNO vorsieht, dient lediglich der Irreführung der Öffentlichkeit und erzeugt ein angeblich humanes und ökologisches Image der Konzerne.

In aller Konsequenz müsste das Solidaritätsprinzip wieder verstärkt in die Politik, um Menschenrechte wirkungsvoll zu schützen und zu verwirklichen. Kapitalakkumulation darf nicht mehr zur Rechtfertigung für fehlende Sozialpolitik dienen.

Zum Schluss möchte ich an den Artikel 28 der *Allgemeinen Erklärung der Menschenrechte* erinnern: Jeder Mensch hat Anspruch auf eine internationale Ordnung, die die volle Verwirklichung der Menschenrechte möglich macht. In diesem Sinne sind viele Aspekte der Globalisierung der letzten Zeit zu überdenken.

99

Anhang

Zitate der Internetdokumente der *Weltsozialforen*;
URL: http://www.weltsozialforum.org
Sämtliche Anmerkungen mittels Fußnoten wurden von mir verfasst.

1. Charta der Prinzipien

Quelle: http://www.weltsozialforum.org/prinzipien/print.html [24.02.2004]

„ Charta der Prinzipien

Der Ausschuss der brasilianischen Organisationen, der das erste Weltsozialforum, (sic !) konzipierte und organisierte das vom 25. bis 30. Januar 2001 in Pôrto Alegre/Brasilien stattfand, erachtet es für notwendig und legitim, nachdem er die Ergebnisse dieses Forums und die Erwartungen, die es weckte, ausgewertet hat, eine Charta von Prinzipien aufzustellen, um die kontinuierliche Weiterführung die-ser Inititiative zu gewährleisten. Während die in dieser Charter enthaltenen Grund-regeln, die - von allen zu respektieren, die an diesem Prozess teilnehmen und Neu-auflagen des Weltsozialforums organisie-ren möchten - eine Verdichtung der Entscheidungen sind, die über der Durchführung des Pôrto Alegre Forums walteten und seinen Erfolg sicherstellten, dehnen sie die Reichweite jener Entscheidungen aus und definieren Orientierungen, die sich aus ihrer Logik ergeben.

1. Das Weltsozialforum ist ein offener Treffpunkt für reflektierendes Denken, demokratische Debatte von Ideen, Formulierung von Anträgen, freien Austausch von Erfahrungen und das Verbinden für wirkungsvolle Tätigkeit, durch und von Gruppen und Bewegungen der Zivilgesellschaft, die sich dem Neoliberalismus und Herrschaft der Welt durch das Kapital und jeder möglichen Form des Imperialismus widersetzen, und sich im Aufbauen einer planetarischen Gesellschaft engagieren, die auf fruchtbare Verhältnisse innerhalb der Menschheit und zwischen dieser und der Erde engagieren.

2. Das Weltsozialforum in Pôrto Alegre war ein örtlich und zeitlich begrenztes Ereignis. Ab sofort, aus der in Pôrto Alegre proklamierten Gewissheit: "Eine andere Welt ist möglich!" wird das Weltsozialforum ein permanenter Prozess des Suchens und des Aufbauens von Alternativen sein, der nicht auf die Ereignisse reduziert werden kann, die ihn unterstützen.

3. Das Weltsozialforum ist ein Weltprozess. Alle Versammlungen und Konferenzen, die als Teil dieses Prozesses abgehalten werden, haben eine internationale Dimension.

4. Die auf dem Weltsozialforum vorgeschlagenen Alternativen stehen in Opposition zu einem Prozess der Globalisierung, der befohlen wird von den großen multinationalen Konzernen und von den Regierungen und internationalen Institutionen, die den Interessen jener Konzerne zu Diensten sind, unter der Mittäterschaft nationaler Regierungen. Diese Alternativen sind so gestaltet, dass eine Globalisierung in Solidarität als vorherrschendes neues Stadium in der Weltgeschichte sicher gestellt wird. Dieses wird die allgemeinen Menschenrechte respektieren, die Rechte aller Bürger - Männer und Frauen - aller Nationen, die Umwelt, und sie wird gestützt sein auf demokratische, internationale Systeme und Institutionen im Dienste sozialer Gerechtigkeit, Gleichheit und der Selbstbestimmung der Völker.

5. Das Weltsozialforum bringt Organisationen und Bewegungen der Zivilgesellschaft aus allen Ländern in der Welt nur zusammen und verbindet sie, aber beabsichtigt nicht, eine Institution zu sein, welche die Weltzivilgesellschaft repräsentiert.

6. Die Treffen des Weltsozialforums beraten nicht im Namen des Weltsozialforums als einer Institution. Folglich wird niemand im Namen irgendwelcher der einzelnen Veranstaltungen des Forums autorisiert, Positionen auszudrücken, die behaupten, die aller seiner Teilnehmer zu sein. Die Teilnehmer des Forums werden nicht ersucht, Beschlüsse als Institution zu treffen, weder durch Wahl noch durch Zuruf, über Erklärungen oder Anträge für Aktionen, die alle oder die Mehrheit binden würden, die Vorschläge als etablierende Positionen des Forums als Institution anzunehmen. Folglich stellt es weder einen Ort der Macht dar, über den von den Teilnehmern auf dessen Treffen zu diskutieren wäre, noch beabsichtigt es, die einzige Option für die Wechselbeziehungen und Aktivitäten der Organisationen und Bewegungen, die an ihr teilnehmen, festzusetzen.

7. Nichtsdestotrotz muss Organisationen oder Gruppen von Organisationen, die an den Treffen des Forums teilnehmen, das Recht zugesichert werden, während solcher Treffen, Erklärungen oder Aktionen zu beratschlagen, über die sie, einzeln oder in der Koordination mit anderen Teilnehmern, beschließen können. Das Weltsozialforum beabsichtigt, solche Beschlüsse mit den ihm zur Verfügungen stehenden Verteilungsmitteln weiter zu verbreiten, ohne sie zu lenken, zu hierarchisieren, zu kritisieren oder einzuschränken, sondern als Ergebnisse der Organisationen oder der Gruppen von Organisationen, welche die Beschlüsse getroffen haben.

8. Das Weltsozialforum ist ein pluraler, breit gefächerter, nicht-konfessioneller, nichtstaatlicher und nicht-parteiischer Zusammenhang, der auf dezentralisierte Art und Weise die Organisationen und Bewegungen verknüpft, die durch konkrete Aktionen von der lokalen bis zur internationalen Ebene dabei mitwirken, eine andere Welt aufzubauen.

9. Das Weltsozialforum wird immer ein Forum sein, das offen ist für Pluralismus, Vielfältigkeit der Aktionen und Arten des Engagements der Organisationen und der Bewegungen, die sich entscheiden, an ihm teilzunehmen, sowie für Vielfalt der Geschlechter, der Ethnien, der Kulturen, der Generationen und der physischen Kapazitäten, vorausgesetzt sie halten sich an die Prinzipien dieser Charta. Weder Repräsentanten von Parteien noch militärische Organisationen können am Forum teilnehmen. Regierungsmitglieder und Staatsbeamte, die die Verpflichtungen dieser Charter annehmen, können als Einzelpersönlichkeiten eingeladen werden.

10. Das Weltsozialforum widersetzt sich allen totalitären und reduktionistischen Ansichten der Wirtschaft, der Entwicklung und der Geschichte, und dem Einsatz von Gewalttätigkeit als Mittel der Sozialsteuerung durch den Staat. Es unterstützt Respekt für die Menschenrechte, die Praxis echter Demokratie, partizipatorische Demokratie, friedliche Beziehungen in Gleichheit und Solidarität zwischen Menschen, Ethnien, Geschlechtern und Völkern, und verurteilt alle Formen von Herrschaft und jede Unterdrückung eines Menschen durch einen anderen.

11. Als ein Diskussionsforum ist das Weltsozialforum eine Bewegung von Ideen, die zur Reflexion auffordern, und der transparenten Zirkulation der Ergebnisse dieser Reflexion, über die Mechanismen und Instrumente der Herrschaft durch Kapital, über die Mittel und Aktionen dieser Herrschaft zu widerstehen und sie zu überwinden, und über die vorgeschlagenen Alternativen zur Lösung des Problems des Ausschlusses und der sozialen Ungleichheit, das der Prozess der kapitalistischen Globalisierung mit seinen rassistischen, sexistischen und Umwelt zerstörenden Dimensionen international und innerhalb von Ländern schafft.

12. Als ein Rahmen für den Austausch von Erfahrungen ermutigt das Weltsozialforum das Verständnis und die gegenseitige Anerkennung unter seinen teilnehmenden Organisationen und Bewegungen, und legt speziellen Wert auf den Austausch unter ihnen, besonders über alles das, was die Gesellschaft aufbaut, um die wirtschaftlichen und die politischen Aktivitäten dahin zu konzentrieren, dass sie den Bedürfnissen der Menschen gerecht werden

und die Natur respektieren, sowohl innerhalb der gegenwärtigen als auch für zukünftige Generationen.

13. Als ein Zusammenhang von Wechselbeziehungen versucht das Weltsozialforum nationale und internationale Verbindungen unter Organisationen und Bewegungen der Gesellschaft zu verstärken und neue zu schaffen, welche - sowohl im öffentlichen wie im privaten Bereich die Fähigkeiten zum gewaltfreien sozialen Widerstand gegen den Prozess der Entmenschlichung, den die Welt zur Zeit durchläuft, zu erhöhen und gegen die vom Staat ausgeübte Gewalt, und welche die humanen Maßnahmen verstärken, die durch die Aktionen dieser Organisationen und Bewegungen ergriffen werden.

14. Das Weltsozialforum ist ein Prozess, der seine Teilnehmerorganisationen und -bewegungen anregt, ihre Tätigkeiten in die Zusammenhänge von lokalen bis nationalen Ebenen hinein zustellen, und aktive Teilnahme im internationalen Kontext zu suchen, als Anliegen einer planetarischen Staatsbürgerschaft, und in die globale Agenda ihre Veränderung hervorbringenden Praktiken, mit denen sie experimentieren, eine neue Welt in Solidarität aufzubauen, einzubringen.

GENEHMIGT UND ANGENOMMEN IN SÃO-PAULO AM 9. APRIL 2001 DURCH DIE DAS ORGANISATIONSKOMITEE DES WELTSOZIALFORUMS BILDENDEN ORGANISATIONEN, GENEHMIGTE (sic!) MIT ÄNDERUNGEN DURCH DEN INTERNATIONALEN RAT DES WELTSOZIALFORUMS AM 10. JUNI 2001 ".

2. Aufruf zur Mobilisierung aus Porto Alegre

Quelle:http://www.weltsozialforum.org/2001/2001.aufruf/print.html
[29.04.2004]

„ AUFRUF ZUR MOBILISIERUNG AUS PORTO ALEGRE

Soziale Bewegungen aus der ganzen Welt haben sich hier in Porto Alegre zum Weltsozialforum versammelt. Gewerkschaften und Nicht-Regierungsorganisationen (NGOs), Bewegungen und Organisationen, Intellektuelle und Künstler, gemeinsam bauen wir ein umfassendes Bündnis, um eine neue Gesellschaft zu schaffen, die sich von der herrschenden Logik unterscheidet, in der der freie Markt und das Geld als das einzige Maß aller Dinge gelten.

Davos steht für die Konzentration des Reichtums, die Globalisierung der Armut und die Zerstörung unserer Erde. Porto Alegre steht für die Hoffnung, dass eine neue Welt möglich ist, in der alle Menschen und die Natur im Mittelpunkt unserer Bemühungen stehen.

Wir sind Teil einer Bewegung, die seit Seattle gewachsen ist. Wir fordern die Eliten und ihr undemokratisches Vorgehen heraus, das das Weltwirtschaftsforum von Davos symbolisiert. Wir sind hier zusammengekommen, um unsere Erfahrungen auszutauschen, unsere Solidarität auszubauen, und unsere vollständige Zurückweisung der neoliberalen Politik der Globalisierung zu demonstrieren.

Wir sind Männer und Frauen, Bauern und Bäuerinnen, Arbeiter und Arbeiterinnen, Arbeitslose, Studentinnen und Studenten, Schwarze und indigene Völker, zusammengekommen aus dem Süden und dem Norden, engagiert in den Kämpfen für die Rechte und die Freiheit der Bevölkerungen, für Sicherheit, Beschäftigung und Ausbildung. Wir kämpfen gegen die Vorherrschaft der Finanzmächte, gegen die Zerstörung unserer Kulturen, die Monopolisierung des Wissens, der Massenmedien und der Kultur, die Beschädigung der Natur, und die Zerstörung der Lebensqualität durch multinationale Konzerne und antidemokratische Politik. Erfahrungen mit partizipativer Demokratie - wie hier in Porto Alegre - zeigen uns, dass eine konkrete Alternative möglich ist. Wir bekräftigen den Vorrang von Menschen-, ökologischen und sozialen Rechten vor den Forderungen von Finanzmarktakteuren und Investoren.

Indem wir unsere Bewegungen stärken, widersetzen wir uns der globalen Elite und arbeiten für Gleichheit, soziale Gerechtigkeit, Demokratie und Sicherheit für jeden und jede, ohne irgendeine Diskriminierung. Unsere Methoden und unsere Alternativen stehen in deutlichem Widerspruch zur zerstörerischen Politik des Neoliberalismus.

Die Globalisierung verstärkt ein sexistisches und patriarchalisches System. Sie steigert die Feminisierung der Armut und verschärft alle Formen der Gewalt gegen Frauen. Die Gleichheit (der Rechte) von Männern und Frauen ist zentral für unsere Kämpfe; ohne sie wird eine andere Welt niemals möglich sein.

Die neoliberale Globalisierung verstärkt Rassismus, sie setzt den Jahrhunderte langen Genozid von Sklaverei und Kolonialismus fort, der die Grundlagen der schwarzafrikanischen Zivilisationen zerstört hat. Wir rufen alle Bewegungen zur Solidarität mit den afrikanischen Völkern innerhalb und außerhalb des Kontinents auf, die ihr Recht auf Land, Freiheit, Frieden und Gleichheit, ihre Bürgerrechte verteidigen, als Wiedergutmachung einer historischen und sozialen Schuld. Denn Sklavenhandel und Sklaverei sind Verbrechen wider die Menschlichkeit.
Unsere besondere Anerkennung und Solidarität erklären wir mit den indigenen Gemeinschaften und ihrem historischen Kampf gegen Völkermord und ethnische Vernichtung, zur Verteidigung ihrer Rechte, ihrer Bodenschätze, ihrer Kultur, ihrer Autonomie und ihres Landes.

Neoliberale Globalisierung zerstört die Umwelt, die Gesundheit und die natürlichen Lebensbedingungen der Bevölkerungen. Luft, Wasser, Land und die Menschen selbst sind zu Waren geworden. Leben und Gesundheit müssen als fundamentale Rechte anerkannt werden, die der Wirtschaftspolitik nicht untergeordnet sein dürfen.

Die Auslandsschulden der Länder des Südens sind bereits vermehrt um ein Vielfaches zurückgezahlt worden. Ungerechtfertigt, ungerecht und unverschämt funktionieren sie als ein Werkzeug zur Beherrschung, das die Bevölkerungen ihrer elementaren Menschenrechte, ihrer Nahrung und ihrer Zukunft beraubt, mit dem einzigen Zweck, die Renditen des internationalen Kapitals zu sichern. Wir fordern die Streichung dieser Schulden ohne irgendwelche Vorbedingungen und die Entschädigung der historischen, sozialen und ökologischen Schulden als unmittelbaren Schritt zu einer definitiven Überwindung der Krise, die diese Schulden hervorrufen.

Die Finanzmärkte entziehen Lebenszusammenhängen und Ländern Ressourcen und Wohlstand, sie unterwerfen die nationalen Ökonomien den Winkelzügen der Spekulation. Deshalb fordern wir die Schließung von Off-Shore-Finanzplätzen und die Einführung einer Besteuerung von Finanztransaktionen.

Privatisierung ist ein Mechanismus, um öffentliche Wohlfahrt und natürliche Ressourcen dem privaten Sektor zu übertragen. Wir widersetzen uns jeder Formder Privatisierung natürlicher Ressourcen und öffentlicher Dienste. Wir fordern die Gewährleistung des Zugangs zu Ressourcen und öffentlichen Gütern und Dienstleistungen, die für ein Leben in Würde nötig sind.

Die multinationalen Konzerne organisieren weltweit die Produktion mit massiver Arbeitslosigkeit, niedrigen Löhnen, unqualifizierter Arbeit und der Verweigerung der Anerkennung grundlegender Arbeiterrechte, wie sie die ILO festgelegt hat. Wir fordern die wirkliche Anerkennung des Rechts auf gewerkschaftliche Organisierung und kollektivvertragliche Verhandlungen sowie neue Rechte für die Arbeiterinnen und Arbeiter, um der Strategie der Globalisierung begegnen zu können. Während Waren und Geld alle Freiheiten haben, Grenzen zu überqueren, verschärfen die Beschränkungen der Bewegungsfreiheit der Menschen Ausbeutung und Unterdrückung. Wir fordern die Beendigung dieser Beschränkungen.

Wir fordern eine Welthandelsordnung, die Vollbeschäftigung, sichere Ernährung, faire Austauschrelationen und lokalen Wohlstand garantiert. Der 'freieHandel' ist alles andere als frei. Die Regeln des Welthandels sichern die beschleunigte Anhäufung von Wohlstand und Macht durch die multinationalen Konzerne, und zugleich die weitere Marginalisierung und Verarmung von kleinen Bauern, Beschäftigten und lokalen Unternehmen. Wir verlangen, dass die Regierungen ihre Verpflichtungen gegenüber den internationalen Menschenrechtsvereinbarungen und Umweltabkommen einhalten. Wir rufen die Menschen überall auf der Welt auf, die Mobilisierung gegen die Einführung von Freihandelszonen zwischen beiden Amerikas zu unterstützen, denn diese Initiative bedeutet die Rekolonialisierung Lateinamerikas und die Zerstörung grundlegender sozialer, ökonomischer kultureller und umweltbezogener Menschenrechte.

Der Internationale Währungsfonds, die Weltbank und regionale Entwicklungsbanken, die WTO, die NATO und andere Militärbündnisse sind internationale Akteure der neoliberalen Globalisierung. Wir fordern ein Ende von deren Einmischung in die staatliche Politik. Diese Institutionen haben in den Augen der Bevölkerungen keinerlei Berechtigung (im Entwurf: Die Legitimation dieser Institutionen ist geschwächt...), und wir werden weiterhin gegen deren Einmischung protestieren.

Die neoliberale Globalisierung hat zur Konzentration des Grundbesitzes geführt und industrielle Strukturen in der Landwirtschaft gefördert, die sozial und ökologisch zerstörerisch wirken. Sie beruht sich auf exportorientiertes

Wirtschaftswachstum, gestützt auf großflächige Infrastrukturprojekte wie z.B. Staudämme, die Menschen von ihrem Land vertreiben und ihre Lebensgrundlagen zerstören. Ihre Verluste müssen entschädigt werden. Wir fordern eine demokratische Landreform. Land, Wasser und Saatgut müssen in der Hand der Bauern liegen. Wir fördern eine nachhaltige Landwirtschaft. Saatgut und die genetische Vielfalt sind das Erbe der ganzen Menschheit. Wir fordern, dass die Anwendung transgener Organismen und die Patentierung von Lebewesen abgeschafft werden.

Militarismus und Globalisierung der Konzerne verstärken sich gegenseitig in der Aushöhlung von Demokratie und Frieden. Wir lehnen grundsätzlich den Krieg als Mittel zur Lösung von Konflikten ab und wir widersetzen uns dem Rüstungswettlauf und Waffenhandel. Wir fordern ein Ende der Unterdrückung und Kriminalisierung sozialen Protests. Wir verurteilen militärische Interventionen in die inneren Angelegenheiten der Länder. Wir fordern die Aufhebung von Embargos und Wirtschaftssanktionen, die als Instrument der Aggression benutzt werden, und erklären uns solidarisch mit denen, die an deren Folgen leiden. Wir lehnen die militärische Intervention der USA in Lateinamerika durch den Kolumbia-Plan ab.

Wir rufen zur Stärkung von Bündnissen und zu gemeinsamen Aktionen auf für diese vordringlichen Anliegen auf. Wir werden bis zum nächsten Forum weiterhin dafür mobilisieren. Wir erkennen, dass wir nun in einer günstigeren Lage sind, den Kampf für eine andere Welt aufzunehmen, für eine Welt ohne Elend, Hunger Diskriminierung und Gewalt, eine Welt voll Lebensqualität, Gleichheit, Respekt und Frieden.

Wir verpflichten uns darauf, alle Kämpfe für unsere gemeinsamen Ziele zu unterstützen, um die Opposition gegen den Neoliberalismus zu mobilisieren.

Die hier formulierten Vorschläge sind Teil der Alternativen, die soziale Bewegungen in der ganzen Welt erarbeitet haben. Sie basieren auf dem Prinzip, dass menschliche Wesen und das Leben keine Ware sind, und der Verpflichtung für das Wohlergehen und die Menschenrechte aller.

Unser Engagement auf dem Weltsozialforum hat das gegenseitige Verständnis für unsere Kämpfe bereichert, und wir sind gestärkt. Wir rufen alle Menschen überall auf der Erde dazu auf, sich diesem Kampf für eine bessere Zukunft anzuschließen. Das Weltsozialforum von Porto Alegre ist ein Weg, um die Souveränität der Menschen und eine gerechte Welt zu erreichen.

Weltsozialforum Porto Alegre, 2001 ".

3. Abschlusserklärung 2002

Quelle. http://www.weltsozialforum.org/2002/abschlusserklaerung/print.html [24.02.2004]

„Abschlusserklärung

Wortlaut der Abschlusserklärung des Weltsozialforums 2002 in Porto Alegre

Widerstand dem Neoliberalismus, dem Militarismus und Krieg: Für Frieden und soziale Gerechtigkeit

05.02.2002

-1- Angesichts einer fortwährenden Beschädigung der Lebensbedingungen der Völker, haben wir, die sozialen Bewegungen der ganzen Welt, uns zum zweiten Weltsozialforum in Porto Alegre getroffen. Wir sind hier aus Verachtung über die Versuche, unsere Bewegung spalten zu wollen. Wir treffen uns deshalb erneut, um unsere Kämpfe gegen Neoliberalismus und Krieg fortzusetzen und die Übereinkünfte des letzten Forums zu bestätigen, dass eine andere Welt möglich ist.

-2- Wir sind verschieden: Frauen und Männer, Erwachsene und Jugendliche, Ureinwohner, Bauern und Städter, Arbeiter und Arbeitslose, Obdachlose, Alte, Studenten, Menschen jeglichen Glaubens, jeglicher Farbe, von unterschiedlicher sexueller Orientierung. Der Ausdruck dieser Verschiedenheit ist unsere Kraft und die Basis unserer Einheit. Wir sind eine globale Solidaritätsbewegung, vereinigt durch unsere Bestimmung die Konzentration des Reichtums, die Verbreitung der Armut und der Ungleichheit, sowie die Zerstörung unserer Erde zu bekämpfen. Wir sind dabei Alternativen aufzubauen und wir gebrauchen kreative Methoden, um sie voranzubringen. Wir sind dabei eine breite Allianz gegen ein System zu errichten, das auf Patriarchat, Rassismus und Gewalt beruht, das die Interessen des Kapitals gegenüber den Bedürfnissen und Erwartungen der Völker privilegiert.

-3- Dieses System produziert das tägliche Drama von Frauen und Kindern und Alten, die vor Hunger sterben, es produziert die Abwesenheit von Gesundheitsvorsorge und es produziert Krankheiten, denen vorgebeugt werden könnte. Ganze Familien werden gezwungen, ihre Häuser auf Grund von Kriegen, durch den Druck der "Megaentwicklung", wegen mangelndem Boden, wegen Umweltkatastrophen, wegen Angriffen auf die öffentlichen

Dienstleistungen sowie der Zerstörung der sozialen Solidarität aufzugeben. Im Süden wie im Norden werden kräftige Kämpfe und Widerstand hervorgerufen, um die Würde des Lebens zur Geltung zu bringen.

-4- Der 11. September bezeichnete eine dramatische Wende. Nach den terroristischen Anschlägen, die wir entschieden verurteilen, so wie wir alle Anschläge auf Zivilisten in jedem Teil der Welt verurteilen, haben die Vereinigten Staaten mit ihren Alliierten eine gewaltige Militäroperation begonnen. Im Namen des "Krieges gegen den Terrorismus" werden in der ganzen Welt zivile und politische Rechte verletzt. Mit dem Krieg gegen Afghanistan, in dem ebenfalls terroristische Methoden angewandt wurden, und mit den zukünftigen, bereits vorbereiteten Kriegen, befinden wir uns in einem permanenten globalen Krieg. Seine Ausweitung wurde durch die Regierung der USA und ihren Alliierten entfesselt, um ihre Herrschaft zu festigen. Dieser Krieg enthüllt das brutalste und nicht akzeptable Gesicht des Neoliberalismus.
Der Islam wird dämonisiert, während Rassismus und Xenophobie ihre ungehinderte Verbreitung finden. Information und Massenmedien beteiligen sich aktiv an dieser Kriegskampagne, die die Welt in "gut" und "böse" einteilt. Die Opposition gegen diesen Krieg ist eines der konstitutiven Elemente unserer Bewegungen.

-5- Die Situation des Krieges hat nunmehr den Mittleren Orient destabilisiert und den Vorwand für die neuerliche Repression gegen das palästinensische Volk geschaffen. Angesichts der brutalen Besatzung Israels, besteht eine dringliche Aufgabe unserer Bewegung darin, zur Solidarität mit dem palästinensischen Volks zu mobilisieren und seinen Kampf um Selbstbestimmung zu unterstützen. Das ist lebenswichtig für die kollektive Sicherheit aller Völker dieser Region.

-6- Nunmehr bestätigen weitere neue Ereignisse die Dringlichkeit unserer Kämpfe. In Argentinien verursachte das Scheitern der Strukturmaßnahmen des Internationalen Weltwährungsfonds eine Finanzkrise, deren steigende Schuldenlast die soziale und politische Krise verschärfte. Diese Krise rief spontane Proteste der arbeitenden Klassen und der Mittelschicht hervor, und sie führte zu einer Repression, die Tote forderte, einen Wechsel in der Regierung verursachte und zu neuen Allianzen zwischen den verschiedenen Klassen führte. Mit der Kraft der "Cacerolasos" schaffte es das Volk, sich der grundlegenden Bedürfnisse zu versichern.

-7- Der Zusammenbruch des Multis Enron ist ein Beispiel für den Bankrott der Ökonomie eines "Freudenhauses", und der Korruptheit von Geschäftsleuten und Politikern. Die Arbeiter blieben ohne Anstellung und ohne Pensionen. In den Entwicklungsländern sorgte dieser multinationale Konzern mit seinen betrügerischen Aktivitäten dafür, dass Menschen von ihrem Land verjagt werden durch die unverhältnismäßige Steigerung der Wasser- und Strompreise.

-8- Die Regierung der Vereinigten Staaten hat in ihren Bemühungen die Interessen der großen Unternehmen zu schützen, arrogant die Verhandlungen in Kyoto zur globalen Erwärmung verlassen. Der Vertrag über antiballistische Raketen, die Konvention zur Biodiversität, die Auseinandersetzung zur Reduktion der Lieferung leichter Waffen, zeigen erneut den Unilateralismus der Vereinigten Staaten und ihre Versuche das Finden multilateraler Lösungen für globale Probleme zu sprengen.

-9- In Genua ist der G8-Gipfel mit seiner Arroganz einer globalen Regierung vollständig gescheitert. Angesichts einer massenhaften Mobilisierung und des Widerstands, haben sie mit Gewalt und Repression geantwortet, und denunzierten die als Kriminelle, die es wagten zu protestieren. Es gelang ihnen jedoch nicht, unsere Bewegung einzuschüchtern.

-10- All das vollzieht sich im Kontext einer globalen Rezession. Das neoliberale ökonomische Modell zerstört die Rechte, die Lebensbedingungen und den Lebensstandard der Völker. Da ihnen jedes Mittel recht ist, ihre Dividenden zu verteidigen, greifen die multinationalen Konzerne zu Kündigungen, kürzen Gehälter, schließen ihre Fabriken und pressen ihre Arbeiter dabei bis zum letzten aus. Die Regierungen antworten angesichts dieser ökonomischen Krise mit Privatisierungen, mit Kürzungen im Sozialhaushalt und einer andauernden Beschneidung der Arbeiterinnen und Arbeiterrechte. Diese Rezession beweist die Tatsache, dass die neoliberalen Versprechungen von Wachstum und Prosperität eine Lüge sind.

-11- Die globale Bewegung für soziale Gerechtigkeit und Solidarität steht gewaltigen Herausforderungen gegenüber. Ihr Kampf für Frieden und soziale Gerechtigkeit verlangt die Auseinandersetzung mit der Armut, der Diskriminierung, bedarf der Herrschaft und der Schaffung einer erträglichen alternativen Gesellschaft. Die sozialen Bewegungen verurteilen mit aller Entschiedenheit die Gewalt und den Militarismus als Instrumente zur Lösung von Konflikten. Sie verurteilen die Führung von Kriegen auf niederer Stufe, die Militäroperationen des Plan Colombia, als Teil einer Initiative in der Andenregion, sie verurteilen den Plan Puebla Panama, den Waffenhandel, das Anwachsen der Militärausgaben, die ökonomischen Embargen gegen Völker und Nationen, insbesondere gegen Kuba und Irak, und sie verurteilen die wachsenden Repressionen gegen Gewerkschafter und Aktivisten. Wir unterstützen die Kämpfe der Gewerkschaften und Arbeiter des informalen Sektors, die ein wichtiges Instrument zur Verbesserung der Lebens- und

Arbeitsbedingungen darstellen, wir treten ein für das effektive Recht, sich zu organisieren, zu streiken, für das Recht auf Gegenwehr auf verschiedenen Ebenen, für gleiche Bezahlung und gleiche Arbeitsbedingungen für Frauen und Männer. Wir lehnen Sklaverei und die Ausbeutung von Kindern ab. Wir unterstützen die kämpfe der Arbeiter und Gewerkschaften gegen Flexibilität, gegen die Auslagerung von Arbeit, gegen Kündigungen und wir verlangen neue internationale Rechte für die Arbeiter und Arbeiterinnen der Multis und ihrer Zulieferer, insbesondere das Recht auf freie gewerkschaftliche Betätigung und das Recht auf kollektiven Widerstand.

-12- Die neoliberale Politik schafft weiteres Elend und weitere Unsicherheit. Sie hat in unerhörter Weise den Sexhandel und die sexuelle Ausbeutung von Frauen und Kindern erhöht, was wir mit aller Kraft verurteilen. Armut und Unsicherheit führen auch zur Migration von Millionen Menschen, deren Würde, Freiheit und deren Rechte negiert werden. Deshalb verlangen wir das Recht auf Bewegungsfreiheit, das Recht auf physische Integrität, und ein Rechtsstatut für alle emigrierten Arbeiterinnen und Arbeiter. Wir unterstützen die Rechte der Ureinwohner und die Anwendung des Art. 169 Oil[1] im Rahmen der nationalen Gesetzgebungen.

-13- Die Auslandsverschuldung der südlichen Länder ist schon mehrfach zurückgezahlt worden. Die illegitime, ungerechte und betrügerische Verschuldung dient als Herrschaftsinstrument, beraubt die Völker ihrer fundamentalen Menschenrechte und hat nur das eine Ziel, die internationale Wucherei zu steigern. Wir verlangen die bedingungslose Streichung der Schuldenlast und die Wiedergutmachung für historische, soziale und ökologische Schulden. Die Länder, welche die Zurückzahlung der Auslandsschulden fordern, vollziehen die Ausbeutung der Naturressourcen und der Intellektuellen des Südens.

-14- Wasser, Erde, Nahrung, Wald, Saatgut und die Identität der Völker sind Allgemeingut der Menschheit, der augenblicklichen und zukünftigen Generationen. Eine wichtige Aufgabe ist der Schutz der Biodiversität. Die Völker haben ein Recht auf gesunde und regelmäßige Ernährung, die frei von genmanipulierten Organismen ist. Die Souveränität der Ernährung auf nationaler, regionaler und lokaler Ebene stellt ein fundamentales Menschenrecht dar. Und in diesem Sinne ergeben sie die fundamentalen Forderungen nach Agrarreform und Land für die Bauern.

---

[1] Hier ist am ehesten die ILO-Konvention Nr.169 zum Schutz indigener Völker gemeint. Die hier verwendete Bezeichnung beruht wahrscheinlich auf einem Übersetzungsfehler, Anm.V.Brunner.

-15- Der Gipfel von Doha bestätigte die Illegitimät der WTO. Diese "Agenda der Entwicklung" verteidigt in der Wirklichkeit einzig die Interessen der multinationalen Konzerne. Mit der Einleitung einer neuen Runde, ist die WTO ihrem Ziel näher gekommen, jeden Gegenstand in eine Ware zu verwandeln. Für uns sind Nahrung, öffentliche Dienstleistungen, Agrikultur, Gesundheit, Bildung und Gene keine verkäuflichen Dinge. Außerdem lehnen wir die Patentierung jeder Lebensform ab. Die Agenda der WTO wird auf kontinentaler Ebene durch die Abkommen zum freien Handel und Investment weiter ausgedehnt. Durch Proteste wie Demonstrationen gegen die Alca[2], zeigen die Völker, dass sie diese Abkommen ablehnen. Sie bedeuten die Neokolonialisierung und die Zerstörung fundamentaler Werte auf sozialem, ökonomischem, kulturellem und ökologischem Gebiet.

-16- Wir wollen unsere Bewegung durch allgemeine Aktionen und Mobilisierung weiter stärken: für soziale Gerechtigkeit, für Respekt von Recht und Freiheit, für Lebensqualität und Gleichheit, für Würde und Frieden.

Wir kämpfen:

- Für Demokratie: die Völker haben ein Recht die Entscheidungen ihrer Regierungen zu kennen und zu kritisieren, besonders, wenn sie internationale Institutionen betreffen. Die Regierungen müssen ihren Völkern gegenüber verantwortlich handeln. Während wir die Verbreitung der Demokratie durch Wahlrecht auf der ganzen Erde unterstützen, betonen wir gleichzeitig die Notwendigkeit der Demokratisierung von Staat und Gesellschaft und den Kampf gegen die Diktatur.

- Für die Streichung der Auslandschulden und ihrer Wiedergutmachung
- Gegen Spekulationen: Wir fordern die Einführung spezifischer Steuern wie die Tobin Tax und die Abschaffung der Steuerparadiese.

- Für Informationsrecht
- Gegen Krieg und Militarismus; gegen ausländische Militärbasen und Einmischung, sowie gegen die systematische Eskalation von Gewalt. Wir ziehen es vor, Verhandlungen und gewaltlose Lösungen von Konflikten zu bevorzugen.

---

[2] ALCA (Area de Libre Comercio de las Amerikas): Freihandelszone von Nord- und Südamerika, Anm.

- Für eine demokratische und soziale Europäische Union, die sich an den Bedürfnissen der Arbeiterinnen und Arbeiter und denen der europäischen Völker orientiert sowie der Notwendigkeit einer Zusammenarbeit und der Solidarität mit den Völkern des Ostens und Südens.

- Für die Rechte der Jugend, den freien Zugang zu öffentlicher kostenloser und sozial autonomen Bildung; Abschaffung der Wehrpflicht.

Für die kommenden Jahre organisieren und mobilisieren wir kollektiv:

Im Jahr 2002:
- 8. März - Internationaler Tag der Frauen -
- 17. April - Internationaler Tag der Kämpfe der Bauern -
- 1. Mai - Tag der Arbeiter und Arbeiterinnen -
- 12. Oktober - Schrei der Ausgegrenzten -
- 16. Oktober - Tag der Ernährung –

Weitere globale Veranstaltungen finden statt:
- 15.-16. März - zum Ue-Gipfel in Barcellona -
- 18.-22. März - Monterrey (Mexiko), zur UNO-Konferenz über Entwicklungsfinanzierung,
- 17.-18. Mai - zum lateinamerikanisch, karibisch, europäischen Gipfel in Madrid,
- 31. Mai - internationaler Aktionstag gegen Militarismus und für Frieden,
- 12. Juni - Rom, zum Welternährungsgipfel,
- 22.-23. Juni - Siviglia, zum UE-Gipfel
- Juli - Toronto und Calgary (Canada), zum G8-Gipfel,
- 22. Juli - USA, Kampagne gegen Coca Cola,
- September - Johannesburg (Südafrika) zum Rio + 10.
- Oktober - Quito (Ecuador), Kontinentales Sozialform "Eine neue Integration ist möglich" sowie weitere Sozialforen auf regionaler und kontinentaler Ebene,
- November - Kuba, zum zweiten Treffen der Region gegen die Alca,
- Dezember - Kopenhagen, zum Ue-Gipfel

Im Jahr 2003:
- April - Buenos Aires (Argentinien), zum Alca-Gipfel,
- Juni - Tessalonica, zum Ue-Gipfel
- WTO, Weltbank und FMI[3] treffen wir bei jeder Gelegenheit - und wir sind da!!! ".

---

[3] IWF

4. Abschlusserklärung 2003
Quelle:
http://www.weltsozialforum.org/2003/2003.wsf.1/2003.wsf.erklaerung/
print.html [24.02.2004]

„Abschlusserklärung

(Das WSF versteht sich als Raum der Debatte und des Austauschs und verabschiedet keine politischen Stellungnahmen. Doch kamen auch diesmal im Rahmen des WSF zahlreiche Vertreter und Aktive der sozialen Bewegungen in einem eigenen Forum zusammen, um einen gemeinsamen „Aufruf zur Tat" zu debattieren und zu verabschieden. Im Mittelpunkt standen die Teilnahme am weltweiten Antikriegstag vom 15.2., der Kampf gegen die WTO sowie gegen die geplante amerikanische Freihandelszone ALCA und die Stärkung des Netzwerks. Wir dokumentieren im Folgenden Auszüge aus der am 27.Januar 2003 verabschiedeten Erklärung.)

Aufruf der weltweiten sozialen Bewegungen

Wir treffen uns in Porto Alegre im Schatten der globalen Krise. Die kriegerische Absicht der Regierung der USA, einen Krieg gegen den Irak zu beginnen, ist eine große Bedrohung für uns alle und verdeutlicht auf dramatische Weise die Verbindung von Militarismus und Wirtschaftsmacht. Gleichzeitig steckt die neoliberale Globalisierung selbst in einer Krise. Soziale und wirtschaftliche Ungleichheiten wachsen und bedrohen unsere Rechte und unser Leben, Biodiversität, Luft, Wasser, die Wälder, die Erde und das Meer werden wie Waren benutzt.

Für unsere gemeinsame Zukunft!

Wir sind soziale Bewegungen, die in der ganzen Welt gegen neoliberale Globalisierung, Krieg, Rassismus, Kastenwesen, Armut, Patriarchat und alle Formen wirtschaftlicher, ethnischer, sozialer, politischer, kultureller, sexueller und geschlechtsbedingter Diskriminierung und Ausgrenzung kämpfen. Wir alle kämpfen für soziale Gerechtigkeit, bürgerschaftliche Rechte, teilhabende Demokratie, Menschenrechte und für das Recht der Völker, über ihre eigene Zukunft zu entscheiden.

Wir setzen uns ein für Frieden und internationale Zusammenarbeit, für eine nachhaltige Gesellschaft, die die Bedürfnisse der Menschen nach Essen,

Unterkunft, Gesundheit, Erziehung, Information, Wasser, Energie, öffentlichen Verkehrsmitteln und weitere Lebensrechte erfüllt.

Kein Krieg!

Die sozialen Bewegungen sind gegen Militarisierung, gegen die Zunahme militärischer Einrichtungen und staatlicher Unterdrückung, die unzählige Flüchtlinge und die Kriminalisierung sozialer Bewegungen und armer Menschen mit sich bringen.

Wir sind gegen den Krieg gegen den Irak, gegen die Angriffe auf die Palästinenser, auf das tschetschenische und kurdische Volk, gegen die Kriege gegen Afghanistan, Kolumbien, in Afrika und gegen die wachsende Kriegsdrohung gegen Korea. Wir stellen uns gegen die wirtschaftliche und politische Aggression gegen Venezuela, die politische und wirtschaftliche Blockade der US-Regierung gegen Kuba und anderswo. Wir sind gegen jede Art von militärischen und wirtschaftlichen Aktionen, die dazu dienen, das neoliberale Modell aufzuzwingen und die Souveränität und den Frieden der Völker in der Welt zu unterminieren.

Wir rufen alle sozialen Bewegungen und fortschrittlichen Kräfte auf, am 15. Februar 2003 weltweit Proteste zu unterstützen, zu organisieren und sich daran zu beteiligen.

Hebelt die WTO aus!

Die Welthandelsorganisation (WTO), die panamerikanische Freihandelszone (ALCA) und die starke Zunahme regionaler und bilateraler Handelsabkommen wie der African Growth und Opportunity Act (AGOA[4]) oder die vorgeschlagenen zentralamerikanischen Freihandelsabkommen werden von multinationalen Konzernen dazu benutzt, ihre eigenen Interessen zu verfolgen, unsere Wirtschaften zu beherrschen und uns ein Entwicklungsmodell aufzuzwingen, das unsere Gesellschaften verarmen lässt. Im Namen der Handelsliberalisierung ist jeder Aspekt des Lebens und der Natur käuflich, und die Menschen verlieren ihre Grundrechte.

Wir unterstützen die weltweite Bewegung für Lebensmittelsouveränität und kämpfen gegen die neoliberalen Modelle der Landwirtschaft. Weltweite Massenproteste werden wir insbesondere anlässlich des 5. Ministertreffens der WTO in Cancún (Mexiko) im September 2003 und anlässlich des Ministertreffens der ALCA in Miami (USA) im Oktober organisieren.

Schuldenstreichung

---

[4] US-Handelsgesetz, das Sonderkonditionen für afrikanische Staaten bietet, Anm.

Die vollständige und bedingungslose Schuldenstreichung für die Länder des Südens ist eine Grundvoraussetzung für die Gewährleistung der grundsätzlichsten Menschenrechte.

Widerstand gegen die G8

Wir rufen alle sozialen Bewegungen und fortschrittlichen Kräfte auf, an der Mobilisierung gegen die G8 teilzunehmen, die sich vom 1. Bis 3.6.2003 in Evian (Frankreich) treffen werden, ihre Illegitimität anzuklagen und ihre Politik abzulehnen.

Gleichheit von Frau und Mann fördern

Wir verstehen uns als Teil der Aktionen, die von den Frauenbewegungen zum Internationalen Frauentag am 8.März propagiert werden, um gegen alle Formen der Gewalt, des Patriarchats sowie für soziale und politische Gleichstellung zu kämpfen.

Solidarität

Wir rufen alle fortschrittlichen sozialen Kräfte, Bewegungen und Organisationen in der ganzen Welt zur Solidarität mit den Völkern Palästinas, Venezuelas, Boliviens u.a. auf, die extreme Krisen durchleben und gegen die imperialistische Hegemonie kämpfen.

Porto Alegre, 27.1.2003 ".

5. Abschlusserklärung 2004
URL: http://www.weltsozialforum.org/2004/2004.wsf.1/2004.wsf.erklaerung/ print.html [25.02.2004]

„ABSCHLUSSERKLÄRUNG

(Das WSF versteht sich als Raum der Debatte und des Austauschs und verabschiedet keine politischen Stellungnahmen. Doch kamen auch diesmal im Rahmen des WSF zahlreiche Vertreter und Aktive der sozialen Bewegungen in einem eigenen Forum zusammen, um einen gemeinsamen „Aufruf zur Tat" zu debattieren und zu verabschieden.)

Aufruf der sozialen Bewegungen und Massenorganisationen

Wir, die in Mumbai, Indien, versammelten sozialen Bewegungen teilen den Kampf der Völker in Indien und aller Asiaten. Wir sprechen erneut unsere Opposition gegen das neoliberale System aus, das wirtschaftliche, soziale und Umweltkrisen produziert und Krieg hervorbringt. Unsere Mobilisierung gegen Krieg und tiefe soziale und wirtschaftliche Ungerechtigkeiten hat dazu gedient, das wahre Gesicht des Neoliberalismus zu entlarven.

Wir sind hier versammelt, um den Widerstand gegen den Kapitalismus zu organisieren und Alternativen zu finden. Unser Widerstand begann in Chiapas, Seattle und Genua und führte zu einer weltweiten massenhaften Mobilisierung gegen den Irak-Krieg am 15. Februar 2003, die die Strategie des globalen, ständig weitergehenden Krieges der Regierung der Vereinigten Staaten und ihrer Alliierten verurteilte. Es ist dieser Widerstand, der zum Sieg über die WTO in Cancún geführt hat.

Die Besetzung des Irak zeigte der ganzen Welt die bestehenden Zusammenhänge zwischen Militarismus und wirtschaftlicher Vorherrschaft durch die multinationalen Konzerne. Darüber hinaus hat sie auch Gründe für unsere Mobilisierung gerechtfertigt.

Als soziale Bewegungen und Massenorganisationen bestätigen wir unser Engagement, die neoliberale Globalisierung, den Imperialismus, Krieg, Rassismus, das Kastensystem, den Kulturimperialismus, Armut, Patriarchat und alle Formen der Diskriminierung – wirtschaftliche, soziale, politische, ethnische, geschlechtliche, sexuelle, einschließlich die der sexuellen Orientierung und der geschlechtlichen Identität – zu bekämpfen. Wir sind auch gegen alle Diskriminierung gegen Personen, die unterschiedliche Kapazitäten haben oder tödliche Krankheiten, z.B. Aids.

Wir kämpfen für soziale Gerechtigkeit, Zugang zu natürlichen Ressourcen – Land, Wasser und Saatgut – Menschen- und Bürgerrechte, partizipative Demokratie, die Rechte der ArbeiterInnen wie in internationalen Verträgen garantiert, Frauenrechte und auch das Recht der Völker auf Selbstbestimmung.

Wir sind Befürworter des Friedens, der internationalen Kooperation und wir fördern nachhältige Gesellschaften, die in der Lage sind, Zugang zu öffentlichen Dienstleistungen und Grundgütern zu gewähren. Gleichzeitig lehnen wir soziale und patriarchale Gewalt gegen Frauen ab.

Wir rufen zu Massenkundgebungen am 8.März, dem internationalen Tag der Frau, auf.

Wir bekämpfen alle Formen des Terrorismus, einschließlich des Staatsterrorismus. Gleichzeitig lehnen wir die Benutzung des Terrorismus zur Kriminalisierung von Volksbewegungen und Zurückhaltung von zivilen Aktiven ab. Das so genannte Gesetz gegen den Terrorismus schränkt Bürgerrechte und demokratische Freiheiten in der ganzen Welt ein.

Wir befürworten den Kampf aller Bauern, Arbeiter, urbaner sozialer Bewegungen und aller Menschen, die in Gefahr sind, ihr Obdach, ihre Arbeit, ihr Land oder ihre Rechte zu verlieren. Wir befürworten auch den Kampf, die Privatisierung rückgängig zu machen und so gemeinsame, öffentliche Güter zu beschützen, so z.B. Altersrenten und die sozialen Sicherungssysteme in Europa.

Der Erfolg der massiven Mobilisierung des bolivianischen Volkes zur Verteidigung seiner natürlichen Ressourcen, Demokratie und Souveränität zeugt von der Stärke und den Potentialen unserer Bewegungen. Gleichzeitig kämpfen Bauern rund um die Welt gegen die multinationalen Konzerne und die neoliberale korporative Landwirtschaftspolitik, verlangen die Souveränität über ihr Land und demokratische Landreform.

Wir rufen zur Solidarität mit allen Bauern am 17.April, dem Internationalen Tag der Bauernkämpfe, auf.

Wir identifizieren uns mit dem Kampf der Massenbewegungen und der Volksbewegungen in Indien, und gemeinsam mit ihnen verurteilen wir die politischen und ideologischen Kräfte, die Gewalt, Sektierertum, Ausgrenzung und auf Religion und Rasse gegründeten Nationalismus befördern.

Wie verurteilen die Bedrohung, Festnahmen, Folter und Ermordung sozialer Aktivisten, die Gemeinschaften gegründet haben, um für globale Gerechtigkeit zu kämpfen. Wir verurteilen Diskriminierung aufgrund von Kaste, Klasse, Religion, Geschlecht, sexueller Orientierung und Identität. Wir verurteilen die fortgesetzte Gewalt und Unterdrückung von Frauen durch kulturelle, religiöse und traditionelle Formen der Diskriminierung.

Wir unterstützen die Anstrengungen der Massenbewegungen und der Volksbewegungen in Indien und Asien, die den Kampf für Gerechtigkeit, Gleichheit und Menschenrechte fördern, insbesondere den der Dalits, Adivasis und der am meisten unterdrückten und ausgebeuteten Sektoren der Gesellschaft. Die neoliberale Politik der indischen Regierung hat die Marginalisierung und soziale Unterdrückung, die die Dalits in der Geschichte ertragen mussten, verschärft.

Aus allen diesen Gründen unterstützen wir den Kampf aller Marginalisierten in der ganzen Welt und rufen alle weltweit auf, dem Aufruf der Dalits für einen Tag der Mobilisierung für soziale Integration Folge zu leisten.

Um vor seiner Legitimitätskrise zu fliehen, nutzt der globale Kapitalismus Gewalt und Krieg, um eine gegen die Völker gerichtete Ordnung aufrecht zu erhalten. Wir fordern, dass die Regierungen dem Militarismus, Krieg und Rüstungsausgaben ein Ende setzen und verlangen die Schließung der US-Militärbasen, da sie ein Risiko und eine Bedrohung der Menschheit und des Lebens auf Erden darstellen. Wir müssen dem Beispiel des Volks von Puerto Rico Folge leisten, die die US zwangen, ihre Basis in Vieques zu schließen. Die Opposition gegen die globale Kriegsmaschinerie bleibt das Hauptziel unser (sic!) Mobilisierung rund um die Welt.

Wir rufen alle Bürger der Welt auf, gleichzeitig am 20. März zu einem Internationalen Tag des Protests gegen Krieg und das durch die USA, Großbritannien und die Alliierten erzwungene Besatzungsregime im Irak zu mobilisieren.

In jedem Land entwickeln die Antikriegskräfte ihren eigenen Konsensus und Taktik, um eine so breite Teilnahme und Mobilisierung wie möglich zu garantieren. Wir fordern den sofortigen Rückzug aller Besatzungstruppen und unterstützen das Recht der Irakis auf Selbstbestimmung und Souveränität, sowie ihr Recht auf Reparationen für alle durch Embargo und Krieg verursachten Schäden. Der Kampf gegen den Terrorismus dient nicht nur als Vorwand für die Fortsetzung des Krieges und der Besatzung im Irak und Afghanistan, sondern auch dazu, die Weltgemeinschaft zu bedrohen und anzugreifen. Gleichzeitig erhalten die Vereinigten Staaten ein kriminelles Embargo gegen Kuba aufrecht und destabilisieren Venezuela.

Wie (sic!) rufen alle Menschen auf, in diesem Jahr der Mobilisierung für das palästinensische Volk maximale Unterstützung zu gewähren, insbesondere am 30. März, dem Tag des Palästinensischen Landes, gegen den Bau der Apartheidmauer.

Wir verurteilen imperialistische Kräfte, die religiöse, ethnische, rassistische und Stammeskonflikte hervorbringen, um ihre eigenen Interessen zu begünstigen, das Leid der Menschen vergrößern und den Hass und die Gewalt zwischen ihnen vervielfachen. Mehr als 80 Prozent der gegenwärtigen Konflikte auf der Welt sind interner Art und betreffen besonders afrikanische und asiatische Gemeinschaften.

Wir verurteilen die unerträgliche Schuldensituation in den armen Ländern der Welt und ihre Nutzung zur Zwangsausübung durch Regierungen, multinationale Konzerne und internationale Finanzorganisationen. Wir fordern nachdrücklich den völligen Erlass und die Ablehnung der unrechtmäßigen Schulden der Dritten Welt. Als Vorbedingung zur Erfüllung der grundlegenden wirtschaftlichen, sozialen, kulturellen und politischen Rechte verlangen wir auch die Wiedergabe aller Gegenstände der langjährigen Plünderungen der Dritten Welt. Wir unterstützen ganz besonders den Kampf der afrikanischen Völker und ihrer sozialen Bewegungen.

Nochmals erheben wir unsere Stimmen gegen den G8-Gipfel und die Treffen des IMF und der Weltbank, die die größte Verantwortung für den Raub an ganzen Gemeinschaften tagen. Wir lehnen die Durchsetzung regionaler und bilateraler Freihandelsabkommen so z.B. FTAA[5], NAFTA[6], CAFTA[7], AGOA[8], NEPAD[9], Euro-Med[10], AFTA[11] und ASEAN[12] ab. Wir sind Millionen von Menschen, die im Kampf gegen unseren gemeinsamen Feind: die WTO vereint sind.

Die eingeborenen Völker kämpfen gegen Patente auf alle Arten von Lebensformen und den Diebstahl der Artenvielfalt, Wasser und Land. Wir sind vereint im Kampf gegen die Privatisierung öffentlicher Dienstleistungen und öffentliche Güter.

Wir rufen alle auf, für das Recht auf Wasser als einer Lebensgrundlage aufzustehen, die nicht privatisiert werden kann. Wir versuchen die Kontrolle über öffentliche, gemeinsame Güter und natürliche Ressourcen, die privatisiert worden sind und an transnationale Unternehmen und den Privatsektor gegangen sind, zurück zu gewinnen.

---

[5] Free Trade Area of the Americas, span.ALCA. Anm.

[6] North American Free Trade Agreement, Nordamerikanische Freihandelszone, Anm.

[7] Central American Free Trade Agreement, Freihandelsabkommen zw.USA und Zentralamerika, Anm.

[8] African Growth and Opportunity Act, s.o.

[9] New Partnership for African Development; Zusammenarbeit der G8 mit afrikan. Staaten, Anm.

[10] Euro-Mediterrane Partnerschaft der EU mit Ländern des Mittelmeerraums, Anm.

[11] Asean Free Trade Area, Süd-Ostasiatische Freihandelszone, Anm.

[12] Association of South East Asien Nations, Anm.

Im Sieg in Cancun, symbolisierte der Tod Lees[13] das Leid von Millionen von Bauern und armer Leute auf der ganzen Welt, die vom „freien Markt" ausgeschlossen sind. Seine Selbstverbrennung ist ein Symbol für unseren Kampf gegen die WTO. Dies unterstützt unsere Entschlossenheit, jedem Versuch zur Wiederbelebung der WTO zu widerstehen. Die WTO soll raus aus der Landwirtschaft, der Nahrungsindustrie, dem Gesundheitssektor, Wasser, Bildung, den natürlichen Ressourcen und den öffentlichen Gütern.

Mit dieser Überzeugung im Herzen rufen wir alle sozialen Bewegungen und Massenorganisationen der Welt auf, an den Demonstrationen in Hong Kong oder in jedem anderen Ort, wo die WTO Ministerrunde gehalten werden wird, teilzunehmen. Vereinen wir unsere Kräfte, um gegen die Privatisierung, zur Verteidigung der öffentlichen Güter, der Umwelt, der Landwirtschaft, des Wassers, der Gesundheitsfürsorge, der öffentlichen Dienstleistungen und der Bildung zu kämpfen.

Um unsere Ziele zu erreichen, wiederholen wir unseren drängenden Wunsch, das Netzwerk der sozialen Bewegungen und unsere Fähigkeit zum Widerstand zu stärken!

GLOBALISIEREN WIR DEN KAMPF! GLOBALISIEREN WIR DIE HOFFNUNG!

Mumbai, Indien, Januar 2004 ".

6. Abschlusserklärung 2005

http://www.weltsozialforum.org/2005/2005.wsf.1/2005.wsf.erklaerung/index.html [18.02.05]

„ABSCHLUSS

(Das WSF versteht sich als Raum der Debatte und des Austauschs und verabschiedet keine politischen Stellungnahmen. Doch kamen auch diesmal im Rahmen des WSF zahlreiche Vertreter und Aktive der sozialen Bewegungen in einem eigenen Forum zusammen, um einen gemeinsamen „Aufruf zur Tat" zu debattieren und zu verabschieden.)

---

[13] Bauer, Selbstverbrennung beim Gipfel in Cancún

Aufruf der Sozialen Bewegungen zur Mobilisierung gegen Krieg, Neoliberalismus, Ausbeutung und Exklusion.
Eine andere Welt ist möglich!

(Zusammenfassung, Übersetzung der spanischen Originalfassung)

Aus der Einleitung:

Der Neoliberalismus ist unfähig, der Menschheit eine würdige (digno) und demokratische Zukunft zu bieten...Eine andere Welt ist nicht nur möglich, sie ist nötig und dringend erforderlich!

24 Punkte stehen auf der Agenda:

1. Schuldenstreichung für die Länder des Südens

2. Ende der Besatzung im Irak! „Wir fordern, daß die USA damit aufhören, den Iran, Venezuela und andere Länder zu bedrohen!"

3. Demilitarisierung – einschließlich den US-Militärbasen überall auf der Welt. Überwachung des Rüstungshandels.

4. Aktionstage gegen den Freihandel vom 10.-17. April, im November und im Dezember 2005 mit Schwerpunkten auf der EU-Bolkestein-Richtlinie[14] und der amerikanischen Freihandelszone ALCA.

5. Unterstützung des Globalen Marsches der Frauen von 8. März (Sao Paulo) bis 17. Oktober (Burkina Faso).

6. Unterstützung der Bemühungen der Sozialbewegungen und der Organisationen, die den Kampf für Würde, Gerechtigkeit, die Gleichheit und die menschlichen Rechte, besonders die der Dalits[15], Afro-Nachkommen, Indigenen, Bewohner der Trabantenstädte, burakumins[16] und die am meisten ausgebeuteten und unterdrückten Sektoren der Gesellschaft fördern.

---

[14] geplante EU-Richtlinie für den Dienstleistungssektor, wobei der Dienstleistende nach Gesetzen seines Herkunftslandes arbeiten soll. Anm.

[15] „Unberührbare" in Indien, Anm.

[16] benachteiligte Volksgruppe in Japan, Anm.

7. Gegen den G8-Gipfel in Schottland (2.-8.7.); daß Armut und Krieg historisch überwunden werden, die Schulden gestrichen und eine globale Transaktionssteuer eingeführt wird, um Entwicklung zu finanzieren.

8. Für gesunde und ausreichende Ernährung. Für das Recht der Völker, der Nationen und der Bauern, ihre Nahrung selbst anzubauen.gegen Exportbeihilfen und Agrar-Dumping. Gegen Gen-Nahrung, gegen Auslieferung der Märkte an die Multis. Gegen Patente auf Leben, speziell auf Saatgut. Für Landreform, gegen Unterdrückung der armen Landbevölkerung. Für eine ressourcenschonende Landwirtschaft (Boden, Wasser, Wald, Luft, Biodiversität/Artenvielfalt etc.), für ökologische Landwirtschaft.

9. Wasser ist öffentliches Gut. Gegen Privatisierung. Freier Zugang zu Wasser ist Menschenrecht! (18.-20.3.: Wasserforum in Genf)

10. Für eine Allianz für das Weltklima, für Solarwirtschaft und erneuerbare Energien.

11. und (sic!)

12. Gegen Multis/Transnationale Konzerne, speziell Nestlé, Coca Cola, Pepsi.

13. Palästina: für ein Ende der Besatzung, für das Rückkehrrecht der Flüchtlinge, gegen die illegale Apartheids-Mauer. Für politische und wirtschaftliche Sanktionen gegen Israel. Für die israelische Friedensbewegung.

14. Gegen die Blockade Cubas. Truppenrückzug aus Haiti.

15. Gegen Frauenhandel, gegen Homophobie und Exclusion aufgrund sexueller oder Gender-Identität.

16. Für die Rechte von Migrantinnen, Flüchtlingen und Vertriebenen. Neoliberalismus und Krieg gegen den Terror kriminalisieren MigrantInnen und bauen Grenzen militärisch aus. Für die Ratifizierung der UN-Konvention für die Rechte der MigrantInnen.

17. Gegen die Ausbeutung von Kindern, gegen Kinderhandel und Sextourismus.

18. Für aktive Solidarität mit den Exkludierten und Unterdrückten, für ihr Recht auf ein Leben in Würde.

19. Für eine UNO-Reform: vor der Generalversammlung soll es ab 10.9. Aktionen geben für eine neue demokratische Weltordnung und gegen Armut und Krieg.

20. Bildung muß frei zugänglich sein, darf nicht privatisiert werden! (17.11.: internationaler Studententag).

21. Die Jugend der Welt ist aufgerufen, ihre Solidarität mit Venezuela zu zeigen und an den 14. Weltjugendfestspielen (7.-15.8.) teilzunehmen.

22. Für die Freiheit der Kommunikation vor wirtschaftlicher Verwertung, für Aktionen zum Weltgipfel der Kommunikation in Tunis (16.-18.11.).

23. Wir unterstützen Non-Profit-Ökonomie, Gemeinwirtschaft (economia social) als Audruck gerechter, solidarischer, demokratischer und gleichberechtigter Entwicklung.

24. Verteidigung der öffentlichen Gesundheitsvorsorge, gegen Privatisierung.

(Dies ist eine unvollständige Liste der Themen und Aktionen der Sozialen Bewegungen.)

Porto Alegre / Brasilien, 31. Januar 2005 ".

Literaturverzeichnis

Altvater, Elmar et al.(Hg.) (2001): Neoliberalismus – Militarismus – Rechtsextremismus: die Gewalt des Zusammenhangs, Wien.

Amnesty international (Hg.) (1998): Menschenrechte im Umbruch: 50 Jahre Allgemeine Erklärung der Menschenrechte, Neuwied, Kriftel.

Dies. (Hg.) (2001): 40 Jahre für die Menschenrechte, Neuwied, Kriftel.

Anand, Anita/ Arturo Escobar/ Jai Sen/ Peter Waterman (Hg.) (2004): Eine andere Welt. Das Weltsozialforum, Berlin.

Arnim, Gabriele von et al.(Hg.) (2002): Jahrbuch Menschenrechte 2003. Schwerpunkt Terrorismus und Menschenrechte, Frankfurt am Main.

Baumann, Ellinor (2002): Der Global Compact – ein imagefördender, bequemer „Ruheplatz" für die Wirtschaft oder ein Schritt zur sozialen Verantwortung, in: Arnim, Gabriele v. et al. (Hg.): Jahrbuch Menschenrechte 2003. Schwerpunkt Terrorismus und Menschenrechte, Frankfurt am Main, 184-190.

Bello, Walden (2002): Die Strukturanpassungsprogramme von IWF und Weltbank, in: Mander, Jerry / Edward Goldsmith (Hg.) (2002): Schwarzbuch Globalisierung. Eine fatale Entwicklung mit vielen Verlierern und wenigen Gewinnern. München. 190-208.

Bernd, Andreas et al. (Hg.) (2001): Der totale Markt. Gefahr für Sozialstaat und Demokratie, Wien.

Bielefeldt, Heiner (1998): Philosophie der Menschenrechte: Grundlagen eines weltweiten Freiheitsethos, Darmstadt.

Ders.(2000): Muslimische Stimmen in der Menschenrechtsdebatte, in: Fornet-Betancourt, Raúl (Hg.): Menschenrechte im Streit zwischen Kulturpluralismus und Universalität. Dokumentation des VII. Internationalen Seminars des philosophischen Dialogprogramms Nord-Süd, Frankfurt am Main, 89-99.

Borg, Erik (2001): Projekt Globalisierung. Soziale Kräfte im Konflikt um Hegemonie, Hannover.

Bourdieu, Pierre (1998): Gegenfeuer: Wortmeldungen im Dienste des Widerstands gegen die neoliberale Invasion, Konstanz.

Brieskorn, Norbert (1997): Menschenrechte. Eine historisch-philosophische Grundlegung, Stuttgart/ Berlin/ Köln.

Brühl, Tanja et.al. (Hg.) (2001): Die Privatisierung der Weltpolitik. Entstaatlichung und Kommerzialisierung im Globalisierungsprozess, Bonn.

Büchner, Karl (Hg.) (1995): Marcus Tullius Cicero: De re publica - Vom Gemeinwesen. Lateinisch-Deutsch, Stuttgart.

Butterwegge, Christoph (2001): Das neoliberale Konzept zum „Umbau" des Sozialstaates im Zeichen der Globalisierung. In: Berndt, Andreas (Hg.): Der totale Markt, Wien, 30 – 60.

Christadler, Marieluise (Hg.) (1990): Freiheit, Gleichheit, Weiblichkeit. Aufklärung, Revolution und die Frauen in Europa, Opladen.

Dies.: Von der Tribüne aufs Schafott. Frauen und Politik 1789-1795, in: Christadler (Hg.) (1990): Freiheit, Gleichheit, Weiblichkeit. Aufklärung, Revolution und die Frauen in Europa, Opladen, 19-35.

Clarke, Tony (2002): Herrschaftsmechanismen von Unternehmen, in: Mander, Jerry / Edward Goldsmith (Hg.): Schwarzbuch Globalisierung. Eine fatale Entwicklung mit vielen Verlierern und wenigen Gewinnern. München, 109-124.

Commichau, Gerhard/ Hartung, Fritz (Hg.) (1985): Die Entwicklung der Menschen- und Bürgerrechte von 1776 bis zur Gegenwart, Quellensammlung zur Kulturgeschichte Bd.1, Göttingen.

Copur, Burak/ Schneider, Ann-Kathrin (2004): IWF & Weltbank: Dirigenten der Globalisierung, Hamburg.

Ermacora, Felix (Hg.) (1982): Internationale Dokumente zum Menschenrechtsschutz, Stuttgart.

Fornet-Betancourt, Raúl (Hg.) (2000): Menschenrechte im Streit zwischen Kulturpluralismus und Universalität. Dokumentation des VII. Internationalen Seminars des philosophischen Dialogprogramms Nord-Süd, Frankfurt am Main.

Galtung, Johan (1994): Menschenrechte – anders gesehen, Frankfurt am Main.

Ders. (2000): Die Zukunft der Menschenrechte. Vision: Verständigung zwischen den Kulturen, Frankfurt/Main.

Gerhard, Ute (1990): Gleichheit ohne Angleichung. Frauen im Recht, München.

Goldsmith, Alexander (2002): Brutstätten der Ausbeutung: Freihandelszonen in der globalisierten Wirtschaft, in: Mander, Jerry / Edward Goldsmith (Hg.): Schwarzbuch Globalisierung. Eine fatale Entwicklung mit vielen Verlierern und wenigen Gewinnern. München, 209-217.

Gottstein, Margit (1998): Frauenrechte – Menschenrechte?, in: Amnesty international (Hg.) Menschenrechte im Umbruch: 50 Jahre Allgemeine Erklärung der Menschenrechte, Neuwied, Kriftel, 75-86.

Grandner, Margarete /Wolfgang Schmale/ Michael Weinzierl (Hg.) (2002): Grund- und Menschenrechte. Historische Perspektiven – Aktuelle Problematiken, Wien/ München/ Oldenbourg.

Heidelmeyer, Wolfgang (Hg.) (1997) Die Menschenrechte: Erklärungen, Verfassungsartikel, internationale Abkommen, Paderborn/ München/ Wien.

Kälin, Walter (1998): Die Allgemeine Erklärung der Menschenrechte: Eine Kopernikanische Wende im Völkerrecht? In: Amnesty International (Hg.): Menschenrechte im Umbruch: 50 Jahre Allgemeine Erklärung der Menschenrechte, Neuwied, Kriftel, 5-17.

Klemme, Heiner F. (Hg.) (1992): Immanuel Kant: Über den Gemeinspruch: Das mag in der Theorie richtig sein, taugt aber nicht für die Praxis. Zum ewigen Frieden: ein philosophischer Entwurf, Hamburg.

Köhne, Gunnar (Hg.) (1998): Die Zukunft der Menschenrechte. 50 Jahre UN-Erklärung: Bilanz eines Aufbruchs, Reinbek.

Ders. (1998): „Eine Magna Charta der Menschheit". Die Bedeutung der Allgemeinen Erklärung der Menschenrechte von 1948. In: Köhne (Hg.) (1998) a.a.O., 12-30.

Kreisky, Eva: Die maskuline Ethik des Neoliberalismus – Die neoliberale Dynamik des Maskulinismus, in: Feministische Perspektiven in der Politikwissenschaft, in: femina politica Heft2/2001, 76-91.

Krüger, Hartmut (Hg.) (1995): Die Charta der Vereinten Nationen und das Statut des Internationalen Gerichtshofs, Stuttgart.

Kühnhardt, Ludger (1987): Die Universalität der Menschenrechte. Studie zur ideengeschichtlichen Bestimmung eines politischen Schlüsselbegriffs, München.

Le Monde diplomatique (Hg.) (2003): Atlas der Globalisierung, Berlin.

Mahnkopf, Birgit (2001): Gerecht ist, was effizient macht oder: Die Entdeckung produktionsorientierter Ungleichheit durch die neue Sozialdemokratie, in: Altvater, Elmar et a.: Neoliberalismus – Militarismus – Rechtsextremismus: die Gewalt des Zusammenhangs, Wien, 85-111.

Mander, Jerry / Edward Goldsmith (Hg.) (2002): Schwarzbuch Globalisierung. Eine fatale Entwicklung mit vielen Verlierern und wenigen Gewinnern, München.

Mayring, Philipp (2003): Qualitative Inhaltsanalyse. Grundlagen und Techniken, Weinheim.

Mum, David (2001): IWF: Macht braucht Kontrolle – ein Herrschaftswerkzeug gerät ins Schussfeld internationaler Proteste, in: Bernd, Andreas et a. (Hg.): Der totale Markt. Gefahr für Sozialstaat und Demokratie, Wien, 162-183.

Norberg-Hodge, Helena (2002): Modernisierungs- und Globalisierungsdruck, in: Mander, Jerry / Edward Goldsmith (Hg.): Schwarzbuch Globalisierung. Eine fatale Entwicklung mit vielen Verlierern und wenigen Gewinnern, München, 234-252.

Nowak, Manfred (1998): Die Entwicklung der Menschenrechte seit der Wiener Weltkonferenz, in: Amnesty International (Hg.): Menschenrechte im Umbruch: 50 Jahre Allgemeine Erklärung der Menschenrechte, Neuwied, Kriftel, 87-115.

Nowak, Manfred (1993): Die Vereinten Nationen und die Menschenrechte, in: Bielefeldt, Heiner /Volkmar Deile /Bernd Thomsen (Hg.): amnesty international. Menschenrechte vor der Jahrtausendwende. Frankfurt am Main, 19-52.

Nowak, Manfred (2002): Einführung in das internationale Menschenrechtssystem, Wien/Graz.

Oestreich, Gehard (1963): Die Idee der Menschenrechte in ihrer geschichtlichen Entwicklung, Berlin.

Opitz, Peter J. (2002): Menschenrechte und internationaler Menschenrechtsschutz im 20. Jahrhundert: Geschichte und Dokumente, München.

Paul, James A. (2001): Der Weg zum Globals Compact. Zur Annäherung von UNO und multinationalen Unternehmen, in: Brühl, Tanja et.a. (Hg.): Die Privatisierung der Weltpolitik. Entstaatlichung und Kommerzialisierung im Globalisierungsprozess, Bonn, 104-129.

Röttger, Bernd (1997): Neoliberale Globalisierung und eurokapitalistische Regulation. Die politische Konstitution des Marktes, Münster.

Schmale, Wolfgang (2002): Grund- und Menschenrechte in vormodernen und modernen Gesellschaften Europas, in: Margarete Grandner/ Wolfgang Schmale/ Michael Weinzierl (Hg.): Grund- und Menschenrechte. Historische Perspektiven – Aktuelle Problematiken, Wien/ München/ Oldenbourg, 29-76.

Shiva, Vandana (2002): Die WTO und die Landwirtschaft in den Entwicklungsländern, in: Mander, Jerry / Edward Goldsmith (Hg.): Schwarzbuch Globalisierung. Eine fatale Entwicklung mit vielen Verlierern und wenigen Gewinnern, München, 305-326.

Teivainen, Teivo (2004): Das Weltsozialforum: Arena oder Akteur? In: Anand, Anita et al. (Hg.): Eine andere Welt. Das Weltsozialforum, Berlin, 174-184.

Tetzlaff, Rainer (1996): Weltbank und Währungsfond – Gestalter der Bretton-Woods-Ära, Opladen.

Thomsen, Bernd (2001): Anforderungen an eine konsequente Menschenrechtspolitik, in: Amnesty international (Hg.): 40 Jahre für die Menschenrechte, Neuwied, Kriftel, 217-228.

Tibi, Bassam (2003): Im Schatten Allahs. Der Islam und die Menschenrechte, Düsseldorf.

Tietje, Christian (Hg.) (2000): Welthandelsorganisation; WTO-Übereinkommen GATT 1947/1994, Übereinkommen über gesundheitspolizeiliche Maßnahmen (SPS), Übereinkommen über technische Handelshemmnisse (TBT), Subventionsübereinkommen, Antidumping-Übereinkommen,

Dienstleistungsabkommen (GATS), Übereinkommen über geistiges Eigentum (TRIPS), Streitbeilegungsvereinbarung (DSU), München.

Tüchler, Ernst (2001): Der WTO-Vertrag: Deregulierung sozialer Sicherheit, in: Bernd, Andreas et a. (Hg.): Der totale Markt. Gefahr für Sozialstaat und Demokratie, Wien, 144-161.

The United Nations Department of Public Information (Hg.) (1995): The United Nations and Human Rights 1945-1995, The United Nations Blue Books Series Vol.VII, New York

Wallerstein, Immanuel (1986): Das moderne Weltsystem. Die Anfänge kapitalistischer Landwirtschaft und die europäische Weltökonomie im 16. Jahrhundert, Frankfurt a. Main.

Wallach, Lori (2002): Fünf Jahre Welthandelsorganisation: Ein trauriges Fazit, in: Mander, Jerry / Edward Goldsmith (Hg.): Schwarzbuch Globalisierung. Eine fatale Entwicklung mit vielen Verlierern und wenigen Gewinnern. München, S.261-282.

Internetdokumente

„Human Right Defenders-Erklärung": GV-Res 53/144 vom 9. Dez. 1998; *Declaration on the Right and Responsibility of Individuals, Groups and Organs of Society to Promote and Protect Universally Recognized Human Rights and Fundamental Freedoms*, A/RES/53/144 vom 8 März 1999, in: URL: http://ods-dds-ny.un.org/doc/UNDOC/GEN/N9977089.pdf [05.09.04]

Charta der Prinzipien: URL: http://weltsozialforum.org/prinzipien/print.html [24.02.2004]

Aufruf zur Mobilisierung aus Porto Alegre (erstes Weltsozialforum): URL: http://www.weltsozialforum.org/2001/2001.aufruf/print.html [29.04.2004]

Abschlusserklärung des zweiten Weltsozialforums: URL: http://www.weltsozialforum.org/2002/abschlusserklaerung/print.html [24.02.2004]

Abschlusserklärung des dritten Weltsozialforums:
URL: http://www.weltsozialforum.org/2003/2003.wsf.1/2003.wsf.erklaerung/
print.html [24.02.2004]

Abschlusserklärung des vierten Weltsozialforums:
URL: http://www.weltsozialforum.org/2004/2004.wsf.1/2004.wsf.erklaerung/
print.html [25.02.2004]

Abschlusserklärung des fünften Weltsozialforums:
URL: http://www.weltsozialforum.org/2005/2005.wsf.1/2005.wsf.erklaerung/
index.html [18.02.2005]

131

Die Autorin

Verena Brunner, geboren 1975, absolvierte ein Studium in Politikwissenschaft und Geschichte an der Universität Wien und war einige Jahre in einer autonomen politischen Jugendgruppe aktiv. Sie arbeitet in Wien als Bibliothekarin im öffentlichen Dienst.

weitere Veröffentlichungen:
unter *www.wissen24.de* und *www.hausarbeiten.de* [Stand: Nov. 2005]:

„Die Kinder der Täter und deren Umgang mit der NS-Beteiligung der Eltern"
http://www.wissen24.de/vorschau/12375.html
http://www.hausarbeiten.de/faecher/vorschau/12375.html

"Die Mafia unter dem Blickwinkel des Männerbundes"
http://www.wissen24.de/vorschau/41566.html
http://www.hausarbeiten.de/faecher/vorschau/41566.html

"Rechte von Frauen des Südens auf eine intakte Umwelt, Land, Wasser und Ernährung"
http://www.wissen24.de/vorschau/41569.html
http://www.hausarbeiten.de/faecher/vorschau/41569.html

"Aktenzeichen XY...ungelöst - Eine Fahndungssendung als Ausdruck der Kontrollgesellschaft"
http://www.wissen24.de/vorschau/41570.html
http://www.hausarbeiten.de/faecher/vorschau/41570.html

"Die Parlamente Ost-Mitteleuropas und ihre demokratische Konsolidierung"
http://www.wissen24.de/vorschau/41572.html
http://www.hausarbeiten.de/faecher/vorschau/41572.html

"Die Oder-Neiße-Grenze als „Freundschaftsgrenze" zwischen DDR und VR Polen"
http://www.wissen24.de/vorschau/41574.html
http://www.hausarbeiten.de/faecher/vorschau/41574.html

"Die heilige Merowingerkönigin Balthilde"
http://www.wissen24.de/vorschau/41573.html
http://www.hausarbeiten.de/faecher/vorschau/41573.html

"Die BRD und die Fluchten aus der SBZ/DDR"

http://www.wissen24.de/vorschau/41575.html
http://www.hausarbeiten.de/faecher/vorschau/41575.html

"Venezuela: Wirtschafts- und Entwicklungspolitik im 20. Jahrhundert"

http://www.wissen24.de/vorschau/41576.html
http://www.hausarbeiten.de/faecher/vorschau/41576.html

www.ingramcontent.com/pod-product-compliance
Lightning Source LLC
Chambersburg PA
CBHW021842290326
41932CB00064B/1240